歷史料理時光機

遠藤雅司（音食紀行） 著

瑞昇文化

前言

初次見面，我是歷史料理研究家・遠藤雅司。目前正透過一個名為「音食紀行」的活動，將世界上各個時代的料理及音樂介紹給現代人認識。此活動主軸是根據歷史文獻重現過去的料理，並且實際品嚐，因此活動過程中會將那些「歷史料理」端上桌。

當料理與「歷史」沾上邊後，或許會讓人感覺頗為艱深，但事實並非如此。我以歷史人物留下的紀錄為線索，實際製作料理後，竟然很不可思議地發現，似乎能從中感受到他們的呼吸，更縮短了歷史給人的那份距離感。在一次又一次舉辦活動的同時，我希望能讓更多人了解到歷史料理的有趣，因此執筆寫下本書。

此書是根據早已淹沒於歷史洪流中，或逐漸消逝的食譜為文獻資料，將料理烹調重現。希望藉由這些料理，讓各位感受到各個時代的飲食文化及人們的生活環境。

「重現」其實頗為棘手。想要「百分百原味重現」，就必須花費會讓人失去興致的龐大金錢及時間，即便成功重現料理，也未必符合現代人的口味。因此，本書以「輕鬆重現美味料理」為目標，以輕鬆的方式想像著每一個時代，呈現出能讓各位感到無比

享受的美味佳餚，而這就是本書所追求的「歷史料理」。

本書將介紹存在於西亞及歐洲世界中8個時代的歷史料理。每章前半段會刊載5道佳餚食譜，後半段則會解說當時的飲食文化、趣聞，以及料理背景與重現過程。這是希望各位品嚐過美味佳餚後，再深入探索那個時代的飲食環境。

書中的料理原則上皆根據現存的歷史資料重現而成，以忠於原味的方式烹調，若成品夠美味，就不另作改良，直接列入本書的食譜中。但若成品稍嫌「微妙」，那麼就會活用當時的食材與烹調手法，保留該時代的氛圍，改良成符合現代人口味的食譜，不易取得或高級食材的部分則改成類似且能夠輕易取得的食材來替代。

料理能夠反映出當時代人們的生活。烹調「歷史料理」並實際品嚐後，相信各位一定也能有種與凱薩大帝、蘇格拉底、達文西、瑪麗王后等歷史超級巨星存在於同一時空的奇妙感受。我們無法回到過去，但料理這台時光機，卻能讓你我有種步上悠久歷史旅程的錯覺。

時間也差不多了…就讓我們透過料理，遙想著遠古時代的生活，一同將時空回溯到各式各樣的宴會場合！美味佳餚正等著各位。

那麼，就讓我們出發吧！

目次 CONTENTS

※食譜材料標示中，1大匙=15mℓ，1小匙=5mℓ。
※針對文中的引用文獻，為讓各位讀者閱讀起來更淺顯易懂，進行了部分的內容調整。此外，標記有「＊」的引用文獻為文獻作者翻譯之內容。(本項記述為日文原書之說明)

chapter.1

吉爾伽美什的盤算

古代美索不達米亞
（西元前3000～西元前400年左右）

不用調味料也能做出美味料理！
世界最古老文明時代之人創造的少鹽料理
在5000年後的今日重新端上桌。

MENU

古代小麥與羊肉燉湯

透過高雅的蔬菜高湯帶出羊肉鮮味！
5000年後的今日重現於世的古代燉湯

材料　4人份

羊肉　200g
二粒小麥
（杜蘭小麥亦可）　50g
粗粒小麥粉　50g
胡蘿蔔　80g（½條）
孜然粉　4大匙
芫荽粉　4大匙
薄荷　1枝
大蒜　1瓣
水　600mℓ
美索不達米亞風味高湯　600mℓ
- 水　1.2ℓ
- 西洋菜　50g（½束）
- 小黃瓜　100g（1條）
- 茴香粉　4大匙
- 孜然粉　4大匙

作法

1. 製作美索不達米亞風味高湯。
於鍋中加水，放入切好的西洋菜、
小黃瓜、茴香粉、孜然粉，
並以小火燉煮，直到湯汁收乾剩半。

2. 將羊肉、胡蘿蔔切成一口大小，
大蒜磨成泥。

3. 於鍋中加入水及1，接著放入羊肉、
孜然粉、芫荽粉、粗粒小麥粉、
二粒小麥、大蒜、胡蘿蔔、薄荷並加熱。

4. 沸騰後撈起浮沫，再以小火燉煮
30分鐘。

5. 煮到濃稠度剛好時，便大功告成。

3

point
西元前4世紀左右的美索不達米亞文明已存在有「蔬菜高湯」。若連同1所剩餘的蔬菜渣一同燉煮，風味更具深度。

Akalu（啤酒風味麵包）
會讓你一口接一口的濃郁風味及紮實口感！

材料

二粒小麥
（杜蘭小麥亦可）＝200g
粗粒小麥粉＝200g
低筋麵粉＝200g
蜂蜜＝適量
鹽＝適量
啤酒＝350mℓ（一罐分量）

作法

1. 將二粒小麥、粗粒小麥粉、低筋麵粉放入料理盆中。
接著加入蜂蜜、鹽。
2. 於1倒入啤酒。
3. 以木匙充分混拌，直到食材全部融合。
4. 移至耐熱容器，烤爐預熱180℃，烘烤40～50分鐘即可完成。

point

麵包直徑會膨脹到12～15cm，以刀子切成6～8等分分食剛剛好。麵團雖然已添加蜂蜜，但喜歡更甜的人可依喜好再「追加蜂蜜」。

扁豆與大麥燉飯

雞肉的鮮味與啤酒的濃醇是絕配

材料 4人份

雞肉 200g
扁豆 30g
大麥 50g
大蔥 100g（1根）
洋蔥 100g（½顆）
大蒜 1瓣
薄荷 適量
鹽 適量
蒔蘿 1片
迷迭香 1枝
水 1ℓ
啤酒 100mℓ
紅酒醋 50mℓ

作法

1. 將雞肉切成一口大小，以冷水清洗，用廚房紙巾吸乾水分，抹上薄荷與鹽後，靜置於冰箱冷藏1小時。
2. 於鍋中加入水及1，以小火燉煮約30分鐘。
3. 於2加入紅酒醋，並放入切碎的蒔蘿及迷迭香。
4. 加入切成末的大蔥、大蒜、洋蔥。
5. 加入扁豆、大麥、鹽，接著再倒入啤酒燉煮。
6. 當雞肉煮熟、湯汁收乾時，即可盛盤。
7. 最後撒上薄荷便大功告成。

燉蕪菁湯
小心別被熱騰騰的大麥丸子給燙傷了！

材料　4人份

蕪菁─80g（1顆）
大蔥─100g（1根）
洋蔥─100g（½顆）
芝麻菜─30g
芫荽粉─4大匙
大蒜─1瓣
美索不達米亞風味高湯─650mℓ
- 水─1.3ℓ
- 西洋菜─50g（½束）
- 小黃瓜─100g（1條）
- 茴香粉─4大匙
- 孜然粉─4大匙

丸子
- 大麥（太白粉亦可）─50g
- 低筋麵粉─50g
- 美索不達米亞風味高湯─同上

作法

1 將蕪菁切成骰子狀、大蔥切成蔥花、洋蔥切成一口大小、芝麻菜切碎、大蒜則磨成泥。

2 於鍋中加入水、1的食材、芫荽粉及美索不達米亞風味高湯600mℓ（參照8頁）。

3 於料理盆放入大麥、低筋麵粉、美索不達米亞風味高湯50mℓ，製成丸子。

4 將丸子放入鍋中燉煮。

5 當燉煮到能以竹籤刺穿蕪菁時，便大功告成。

Mersu（古代美索不達米亞風味圓薄餅）
添加水果乾＆大蒜的古代風味甜點

材料 4～8人份

低筋麵粉 80g
粗粒小麥粉 20g
椰棗 10g
開心果 10g
無花果乾 5g
葡萄乾 5g
蘋果乾 5g
蜂蜜 適量
孜然粉 1大匙
芫荽粉 1大匙
大蒜 1瓣
沙拉油 適量
奶油 5g
水 50mℓ
啤酒 20mℓ
牛奶 30mℓ

作法

1 於料理盆加入低筋麵粉、粗粒小麥粉、水、啤酒、牛奶、切碎的椰棗、開心果、無花果乾、葡萄乾、蘋果乾、大蒜碎末、蜂蜜、孜然粉、芫荽粉後，攪拌混合。

2 於平底鍋或烤盤淋上一層沙拉油，加入1熱煎。煎好一面後，翻面將另一面也煎熟。煎熟後，於表面塗上奶油即可完成。

point

Mersu為「攪拌混合」的意思，因此成了這道以小麥粉、水、水果烘焙而成的點心名稱，淋上蜂蜜也相當美味。

chapter.1

吉爾伽美什的盤算

古代美索不達米亞（西元前3000～西元前400年左右）

文明人的證明

古代美索不達米亞，是個光是開口說出名字就會感到不可思議又為之悸動的時代。但相信對大部分的讀者而言，對古代美索不達米亞的了解僅停留於「楔形文字」、「漢摩拉比法典」、「吉爾伽美什史詩」等相當片段的名詞上。腦中甚至會浮現出，他們究竟過著怎樣的飲食生活？古代美索不達米亞人吃的東西稱得上是料理嗎？又或者飲食內容非常原始？等等疑問。

從結論來說，美索不達米亞人發明了幾種精心思考過的料理法，同時過著享受美食的生活。他們的生活重心包含了麵包與啤酒。這些東西不單只是種食物，而是經「烹調」處理而成，象徵著古代美索不達米亞文明的「料理」。

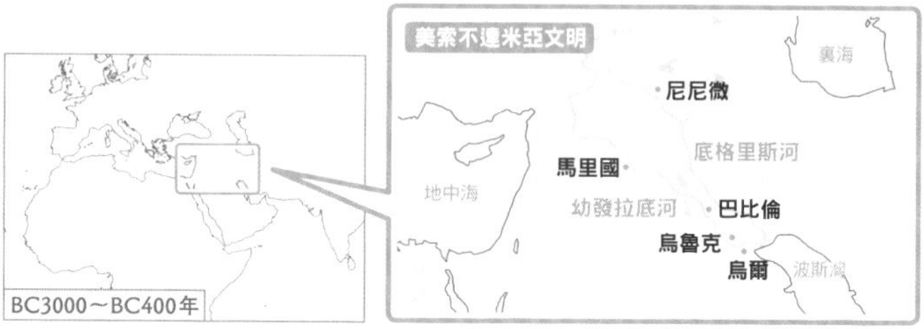

西亞世界最古老的史詩《吉爾伽美什史詩》（Epic of Gilgamesh）便提到了與麵包及啤酒相關的趣聞。接下來就容我向各位簡單介紹《吉爾伽美什史詩》的歷史背景。

古代都市烏魯克（Uruk）之王・**吉爾伽美什**（Gilgamesh）個性蠻橫，眾人無不感到頭疼。美索不達米亞的諸神們為了壓制吉爾伽美什，決定賜予吉爾伽美什一位朋友，於是以泥土塑造了野人恩奇都（Enkidu）。吉爾伽美什聽聞了恩奇都在荒野過著如野獸般的生活後，開始對恩奇都感到興趣，於是命令廟妓將其帶回。在前往與吉爾伽美什見面的過程中，廟妓教導了恩奇都與衣食相關的知識。習得文明知識的恩奇都在烏魯克城與吉爾伽美什相見後，便立刻成為莫逆之交。

其後雖然也有許多吉爾伽美什與恩奇都的故事，但我們差不多該回到料理主題上。妓女教導恩奇都的飲食知識，原來就是麵包及啤酒。這也是2人在抵達烏魯克前，由所造訪的養羊人家獻上的食物。

恩奇都瞇眼凝視，卻道「這是什麼？」原來，他毫無所知。因為恩奇都既不曾被教導吃麵包、也沒喝過啤酒。

（《吉爾伽美什史詩》）

野人恩奇都過去以野草及獸乳為生，因此對不曾接過的食物感到遲疑，可說是野生

吉爾伽美什

古代美索不達米亞的傳奇君主，烏魯克第一王朝的第五任國王。照片右方與野獸搏鬥的是吉爾伽美什，左邊則為野人恩奇都。

的本能。這時廟妓便對恩奇都呼喊。

「恩奇都，吃下麵包吧！麵包賦予我們生命！喝下啤酒吧！那是這片土地的靈魂！」

（《吉爾伽美什史詩》）

恩奇都聽聞後，便嚐了這些食物，並深受其美味所震撼，於是大啖麵包、狂飲7壺啤酒直到填飽肚子。

這一連串的故事也被視為恩奇都由「野人」轉變為「文明人」的進程。不同於野草及動物之乳，經由人類之手製成的麵包及啤酒更成為文明人的證明。透過神話我們也可解讀，對古代美索不達米亞人而言，麵包及啤酒已不單只是所謂的糧食。

吉爾伽美什的飲食

接著讓我們站在較宏觀的角度，一同探討古代美索不達米亞的飲食文化。位置相當於今日伊拉克及敘利亞的美索不達米亞地區原屬於高鹽分的貧瘠濕地，人們以種植耐

古代美索不達米亞歷史

BC 3000 年左右	蘇美文明誕生
BC 2600 年左右	吉爾伽美什即位烏魯克第一王朝國王
BC 2000 年代前半	開始撰寫《吉爾伽美什史詩》原型
BC 1894 年	建立巴比倫第一王朝
BC 1700 年左右	制訂漢摩拉比法典
BC 715 年左右	亞述人統一西亞
BC 625 年左右	建立新巴比倫王國
BC 330 年左右	亞歷山大大帝征服整個西亞地區

鹽害的椰棗或捕食河魚為生。然而，在灌溉排水技術傳入的同時也帶來革新，讓美索不達米亞地區搖身一變成為一大農業區域。這也使得人口得以不斷增加，進而誕生了蘇美、阿卡德、巴比倫尼亞等高度城市文明，並興盛了近3000年之久。

受到人工灌溉的影響，整個美索不達米亞地區自西元前3000年左右開始了農耕栽培。於氣候乾燥的高地北部栽培小麥，並種植蘋果及其他果實以度過寒冬。高溫潮濕的南部則種植稻米、大麥、果樹、**蔬菜**與豆類。不適合農耕的荒地與休耕地則用來飼養綿羊、山羊、牛及豬等家畜。此外，美索不達米亞人也食用鳥肉，其中更會捕食鵝、鴨等水禽以及野鴿或金背鳩等鳥類。

部分的宮廷食物及料理紀錄流傳至今。西元前700年前左右，位於美索不達米亞北部、相當興盛的新亞述帝國所舉辦的宴會中，出現了牛肩胛肉、爐烤魚、相當於6頭牛分量的肉、鹽漬肉塊、10隻鵝、10隻鴨、100隻金背鳩等。存在於西元前20～西元前18世紀的馬里國（Mari）宮廷文件中，更提到了植物油、蜂蜜、芝麻等與調味料相關的記述。雖然並沒有發現與吉爾伽美什飲食生活相關的直接紀錄，但相信吉爾伽美什的飲食也如同上述內容般豪華豐盛。

蔬菜

古代美索不達米亞已可採收蔥、大蒜、小黃瓜、蕪菁，當時有許多人死於維他命缺乏症。透過經驗的累積，美索不達米亞人似乎從中學習到蔬菜能預防並治療維他命缺乏症。蔬菜更普遍被視為極具價值的健康食品，城市地區蔬菜的交易價格更是昂貴。

啤酒桶啊！

在探討美索不達米亞的飲食文化時，當然不能忘了連恩奇都也相當喜愛的啤酒。美索不達米亞人會利用麥芽，製作一種用來釀造啤酒，名為巴皮爾（Bappir）的麵包，並將巴皮爾與水混合，透過自然發酵釀成啤酒。不同於現在的啤酒，以巴皮爾釀製的啤酒是澀味很重的醪酒，表面還漂浮著麥殼，據說酒精濃度相當低。傳聞美索不達米亞人非常喜愛啤酒，愛到三餐都少不了以啤酒相佐，下述詩句更印證了此說法。

啤酒桶啊！啤酒桶啊！為靈魂帶來無上幸福的啤酒桶啊！滿懷欣喜地斟滿高杯啊！不可缺少的高腳杯啊！斟滿啤酒的玻璃杯啊！（中略）我釀製啤酒，呼喊著來喝酒吧！為的就是讓已團團圍坐的諸位能暢飲啤酒！這是何等喜悅！這是何等歡樂！滿足地嗅著啤酒香，於口中注入這大量的珍貴汁液後，心中滿是歡喜，靈魂更是熠熠閃亮。

（《舉世最古老的料理》※）

※編註：作者參考日文版書籍《最古の料理》

描繪於泥土板上的宴會景象。右上方可以看出2個人類以狀似吸管的長條物吸飲著啤酒。

不僅是國王或貴族階級，就連平民百姓也非常喜愛飲用啤酒。美索不達米亞文明後期更誕生了居酒屋文化，據說人們會在勞動過後順便前往。或許他們進入店內後也會喊聲「總之先來杯啤酒」，以舒緩一天的辛勞。

挑戰泥板食譜

截至目前為止，我向各位介紹了古代美索不達米亞曾經出現過的食材及料理。接下來將根據文獻內容，與各位說明我是如何重現本章一開始介紹的5道料理，以及每道料理的由來與背景。

與古代美索不達米亞相關，且可稱為「食譜」的第一手資料其實非常稀少。目前收藏於耶魯大學的3塊泥板除了是保存至今的珍貴食譜外，更提到了出現於宮廷內的高級料理，當中充滿許多精彩資訊。我們在1980年代時，發現這些食譜泥板是於西元前1600年左右的巴比倫製作的。

亞述學研究第一把交椅的尚・布泰羅（Jean Bottero）透過這些存放於耶魯大學的泥板，解讀古代美索不達米亞的食譜，並將研究紀錄收錄於著作《舉世最古老的料理：美索不達米亞的烹飪》（La plus vieille cuisine du monde）中。於是我參考該

收藏於耶魯大學，刻有巴比倫宮廷食譜的泥板，是以楔形文字刻製而成

書，試著重現美索不達米亞的料理。

≈1≈ 古代小麥與羊肉燉湯

古代美索不達米亞燉煮料理令人感到相當訝異的，就是他們竟然會使用日本所謂的「蔬菜高湯」。從烏魯克神殿遺跡中挖掘出來的西元前4世紀泥板中，便刻有「美索不達米亞風味高湯」的食譜。在閱讀上雖然會稍嫌吃力，但原文引用內容如下。

需要炒過的茴香粒，需要炒過的西洋菜粒，需要炒過的菟絲子，需要炒過的孜然粒。你需要長時間煮過放有（生）菟絲子的6ℓ水，並加入適量（逐字逐句來看是指15g）的小黃瓜。不斷熬煮讓湯汁收乾到只剩1ℓ，並將其過濾。接著你要宰殺（料理要使用的動物肉），並丟入（燉煮湯汁中）。

（《舉世最古老的料理》）

從中我們得知，高湯是以茴香、西洋菜、小黃瓜熬煮而成。當時的食譜並沒有提到胡椒，鹽則是只被拿來保存肉品。即便沒有鹽及胡椒，美索不達米亞人或許就是透過蔬菜高湯，來引出肉及蔬菜的風味。

接著要來談談古代小麥與羊肉燉湯。此燉湯記載於收藏在耶魯大學的食譜集中。是一道燉煮過的羊肉加入小麥，使其產生濃稠感的燉煮料理。先製作剛才提到的高湯，接著放入羊肉、胡蘿蔔、芫荽粉，以及被認為曾種植於古代美索不達米亞的二粒小麥（也可以用杜蘭小麥替代）熬煮。高湯能夠引出食材的味道，因此品嚐時能夠享受到高雅風味。

≈2≈ Akalu（啤酒風味麵包）

如同前述，麵包在古代美索不達米亞是非常普遍的食物，目前已知的麵包種類至少就有7種。譬如有將麵團塞入陶製模具中，排在窯爐上方烘烤而成的「壓模麵包」；將未發酵過的麵團拉平，貼在窯爐內側的「無發酵麵包」。此外，先前提到的「巴皮爾」則是用來製作啤酒的「釀造用麵包」。

我在重現麵包時加入了啤酒酵母，並在發酵後，放入烤爐烘烤，製成「發酵麵包」。使用的材料為小麥、大麥，以及啤酒。就讓我們盡可能以接近美索不達米亞人使用的食材來製作看看吧！

野獸造型的麵包模具
被認為是興盛於西元前30～西元前20世紀的馬里國時代之物

二粒小麥是相當合適的小麥品種，直到近代又有人開始栽培。因為另有紀錄提到碾碎的大麥，因此我選擇使用顆粒較粗的粗粒小麥粉（Semolina）。同時加入低筋麵粉作為「結合」用的食材，讓料理過程更加順利。將揉好的麵團加入市售啤酒，放入烤爐烘烤後即可完成。

烤出來的麵包口感像貝果一樣紮實，會讓人一口接著一口。這不僅是每天都會出現在美索不達米亞人餐桌上的料理，同時也會被作為存糧或旅行外出時的食糧。

≈3≈ 扁豆與大麥燉飯

這道雖然是使用大量棲息於美索不達米亞的鳥類——山鶉所製成的料理，但也可改用一般的雞肉做搭配。收藏於耶魯大學的泥板上，記載了下述內容來提醒閱讀食譜之人。

若你是為了（　）想烹調山鶉的話，那就必須先分切山鶉並以大量的水清洗，接著全部放入銅鍋中。完成加熱後，以冷水清洗。接著倒入（醋），添加磨碎的薄荷與鹽，讓山鶉肉充分入味。（引用者註：（　）為未解讀的內容）

（《舉世最古老的料理》）

被認為是出自巴比倫尼亞城市的泥板。泥板上以蘇美語及阿卡德語記述著在儀式上要供奉給神明的啤酒與料理清單。

從資料中我們得知雞肉是以薄荷、鹽、醋調味。重現此料理時，為了充分入味，我將雞肉抹上磨碎的薄荷與鹽使其充分入味後，再放入鍋子燉煮，並淋上紅酒醋。食譜的內容不只這些，其中還提到了燉煮料理、鹽漬肉品、醬汁等多元的烹調法。我則是依照食譜內容試做了粥品。

從豆莢取出扁豆，將碾碎的扁豆過篩，準備粗顆粒粉、另一方面也準備細顆粒粉。我將這些煮粥的材料（引用者註：大麥、雞肉等）（與各種粉）放入Assal容器，並加入浸有「香草束」的啤酒，長時間熬煮成粥。

（《舉世最古老的料理》）

內容似乎有點難理解，但就是指在處理完成的雞肉鍋中，加入扁豆、大麥、接著再以浸有「香草束」的啤酒燉煮。剛開始我先嘗試像平常煮粥一樣，讓湯汁蓋過大麥去烹調，但發現口感還不夠到位，因此選擇減少水量，改良成像燉飯一樣的料理。

由於使用的調味料不多，原本猜測口味應該會偏淡，但實際品嚐後發現，雞肉及紅酒醋的味道充分融入大麥之中，能享受到相當具衝擊性的風味。

出自巴比倫國王漢摩拉比之手，以「以牙還牙、以眼還眼」為眾人所知的「漢摩拉比法典」（照片）中，也有與飲食相關的法條
舉例來說，法典提到能以穀物替代銀兩償還債務、以及在居酒屋發現罪犯時必須將其捕捉並扭送宮殿等內容

≈4≈ 燉蕪菁湯

在古代美索不達米亞已開始人工種植蕪菁。收藏於耶魯大學的泥板食譜中，提到了簡單的烹調方法。

燉煮栽培種的蕪菁。燉煮時不需要加肉。你要準備水，加入脂肪、［　］、洋蔥、芝麻菜、芫荽粉，以及剁碎並浸在血中的〔丸子〕、拍碎的韭蔥、大蒜與［　］。

（引用者註：［　］為未解讀的內容）

（《舉世最古老的料理》）

文中雖有兩處未解讀的部分，但根據文首的料理名，可斷定一處指的是蕪菁「丸子」則推測是以穀物製成的顆粒狀加工食材。將美索不達米亞風味高湯、大麥、低筋麵粉混合後，製成一口大小的丸子。

我試著將這些食材放入鍋中燉煮，但由於既沒有使用肉，也沒有以胡椒、鹽調味，使得味道仍稍嫌不足。這時，我試著於湯中加入了美索不達米亞風味高湯，結果發現味道變得更有深度，蕪菁的鮮味也隨之浮現。若想讓味道更重時，建議可追加芫荽粉替代胡椒鹽來做調整。

≈5≈ Mersu（古代美索不達米亞風味圓薄餅）

Mersu這個字在當時有「攪拌混合」的意思。接著更被沿用為於液體中加入小麥粉，攪拌加熱製成的點心名稱。若以現代名稱來形容，應該就是「古代美索不達米亞風味圓薄餅」了。雖然沒有食譜可供考證，但《舉世最古老的料理》的作者尚·布泰羅彙整了片斷資訊，推論出大致的材料與烹調法。位於幼發拉底河中游的馬里國則留有Mersu烘焙職人的紀錄。這或許也是古代美索不達米亞人相當熟悉的點心。

Mersu的作法與大阪燒幾乎相同，先在料理盆中放入粗粒小麥粉、低筋麵粉，並加入水、啤酒、牛奶製成麵團。接著加入切碎的果乾，以平底鍋或烤盤熱煎正反兩面。據說當時是以椰棗或開心果、無花果乾、葡萄乾、蘋果乾以及大蒜為材料。

水果乾與大蒜的組合雖然讓人大感意外，但品嚐過後會發現，大蒜能夠帶出其他食材的香甜，出奇美味。我會在活動中端出Mersu供客人品嚐，也使得這道Mersu不知在什麼時候被冠上了「美索不達燒」（メソポタ焼き）的暱稱，我也非常喜愛這個

椰棗（Date）在缺水的環境下也能生長，因此在美索不達米亞尚未出現文明以前，便已開始種植。蘇美人更將其稱為「農民之樹」。《吉爾伽美什史詩》、可蘭經及舊約聖經皆有提到椰棗。對古代人而言，椰棗可說是相當熟悉的水果。

聽起來相當討喜響亮的美名。

從西元前延續至今

古代美索不達米亞文明的食材及調味料選擇有限，也是個只有簡易烹調器具的時代。然而，當我根據楔形文字的文獻實際製成料理後，發現縱使排除掉對料理所作的一些現代風味調整，依然能發揮素材本身的風味，變成一道道稱得上是美味、且接近現代少鹽料理的佳餚。

即便沒有鹽及胡椒，美索不達米亞人仍使用孜然和芫荽等調味料以及「高湯」帶出食材風味。除了椰棗、開心果、果乾外，在「Mersu」加入大蒜的點子更是讓我驚奇無比。看來，這些被時代洪流吞噬的古代料理妙招其實仍隱藏於你我生活之中。

只要下足功夫、充滿熱忱，就能讓料理變得美味。這個看似理所當然，卻容易被遺忘的道理，或許就是從古至今未曾改變的真理。透過古代美索不達米亞料理，不禁讓我有股被遠古歷史之人曉以大義的感覺。

寧卡西風味啤酒

蘇美人會將啤酒獻給女神寧卡西（Ninkasi）。據說是加入了香草、蜂蜜、葡萄酒釀造而成。我則是利用市售啤酒嘗試製作「寧卡西風味啤酒」。啤酒的苦味中和後，能品嚐到類似Panaché或Shandy Gaff的味道。

(@mimumimu攝影)

［材料］

啤酒……200ml
葡萄酒……100ml
蜂蜜……30ml
羅勒 or 薄荷……適量

chapter.2

蘇格拉底的吃飽再說

古希臘
（西元前800年～西元400年左右）

健康蔬菜與美味海鮮、精力之湯與女神粥品，
本章收錄了代表著古希臘各城邦飲食文化的料理。
就讓我們一同出席諸神與賢者們的餐宴吧！

MENU

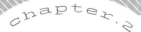

Melas Zomos（斯巴達風味黑湯）

蜂蜜醋讓充滿血味的湯品變得柔和！
斯巴達士兵也曾喝過的精力湯

材料　4人份

豬肉 — 200g
血腸 — 30g
粗粒小麥粉 — 20g
四季豆 — 30g
扁豆 — 30g
鷹嘴豆 — 30g
蜂蜜 — 1大匙
鹽 — 適量
胡椒 — 適量
水 — 3ℓ
橄欖油 — 50mℓ
紅酒醋 — 30mℓ
瑞可達起司 — 20g
- 牛奶 — 50mℓ
- 生奶油 — 10mℓ
- 檸檬汁 — 10mℓ
- 鹽 — 1撮

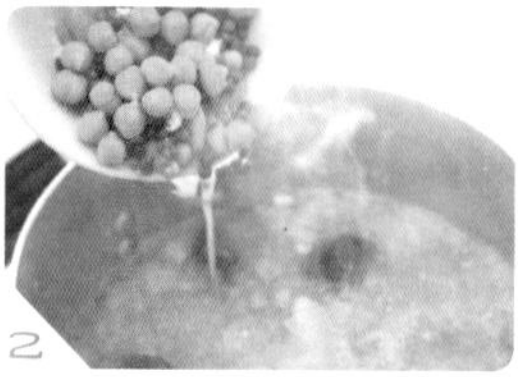

2

3

作法

1. 將水、橄欖油、紅酒醋倒入鍋中加熱。
2. 將豬肉、血腸、四季豆、扁豆、鷹嘴豆放入鍋中，待沸騰後轉為小火，燉煮20分鐘。
3. 加入粗粒小麥粉、瑞可達起司、蜂蜜使其濃稠，接著添加鹽與胡椒。

瑞可達起司作法

1. 將牛奶、生奶油、鹽放入鍋中，以小火烹煮5分鐘。
2. 加入檸檬汁並攪拌。
3. 將鍋子、濾網及廚房紙巾重疊，倒入2使其分離。
4. 將過濾後的固態物移至其他容器，置於冰箱冷藏1小時後即可完成。

point

湯品本身味道稍嫌特殊，各位可以調整紅酒醋及瑞可達起司的用量，讓湯品更符合自己喜愛的口味。

Krambe（古雅典風味高麗菜沙拉）

讓古代健康蔬菜及希臘風味醬汁撫慰你我的腸胃！

材料 4人份

高麗菜 — 300g（¼顆）
鹽 — 適量
芫荽粉 — 2小匙
阿魏粉 — 適量
蜂蜜醋
蜂蜜 — 6大匙
紅酒醋 — 30mℓ

作法

1 製作蜂蜜醋。
將蜂蜜煮滾，撈起表面的浮沫，加入紅酒醋後，再以小火燉煮5分鐘，接著移至鍋盆中冷卻。

2 將高麗菜切絲，放置於濾網中瀝乾。接著將高麗菜絲從濾網移至另一鍋盆中，並拌入芫荽粉及鹽。

3 將高麗菜絲裝盤，淋上蜂蜜醋後即大功告成。
氣味及苦味強勁的阿魏粉則可依個人喜好選擇添加與否。

point

阿魏粉雖然並非人人喜愛，但若想了解古希臘人曾經品嚐的風味，還是希望各位能勇於嘗試。只要是「這樣會不會太少？」的分量就相當足夠。

Kitharos（香草風味烤鰈魚）

起司與香草氣味讓人食指大動！

材料 4人份

鰈魚 200g（4塊魚片）
起司粉 10g
鹽 1小匙
芫荽粉 2大匙
月桂葉 8片
橄欖油 適量
白酒醋 15mℓ

作法

1. 以月桂葉包裹鰈魚，置於鍋中烹煮5分鐘。
2. 以平底鍋烘烤芫荽粉及鹽。
3. 用廚房紙巾擦乾鰈魚的水分，並塗抹2。
4. 於塗抹有橄欖油的耐熱容器中鋪上月桂葉，接著擺入鰈魚，並撒上起司粉，以烤爐烘烤15分鐘。
5. 烤熟後，淋上白酒醋便大功告成。

point

須用小火烹煮，避免鰈魚肉分離。步驟3將魚肉取出時，動作務必謹慎小心。

托羅尼風味鯊魚排

以香草讓清爽柔嫩的鯊魚肉味道更加高尚！

材料 4人份

鯊魚肉 = 200g（4塊魚片）
橄欖油 = 50mℓ
生菜沙拉 = 60g
香草鹽
- 孜然粉 = 2小匙
- 香芹粉 = 2小匙
- 牛至 = 2小匙
- 芫荽（香菜）= 10g
- 薄荷 = 適量
- 鹽 = 1撮

醬汁
- 橄欖油 = 20mℓ
- 紅酒醋 = 10mℓ
- 魚露 = 10mℓ

作法

1 製作香草鹽。
將芫荽、薄荷切成碎末，並與其他材料
一同放入料理盆中混合。

2 將鯊魚肉切成一口大小，放入方形淺盆中，
並倒入橄欖油使其沾滿魚塊。

3 將魚塊正反面抹上香草鹽。

4 於平底鍋倒入橄欖油，熱煎魚塊6～8分鐘，
直到兩面皆呈金黃色。

5 製作醬汁。
將橄欖油、紅酒醋、魚露倒入鍋中，
並以打蛋器攪拌。

6 將生菜沙拉及鯊魚肉裝盤，並於沙拉淋上醬汁。

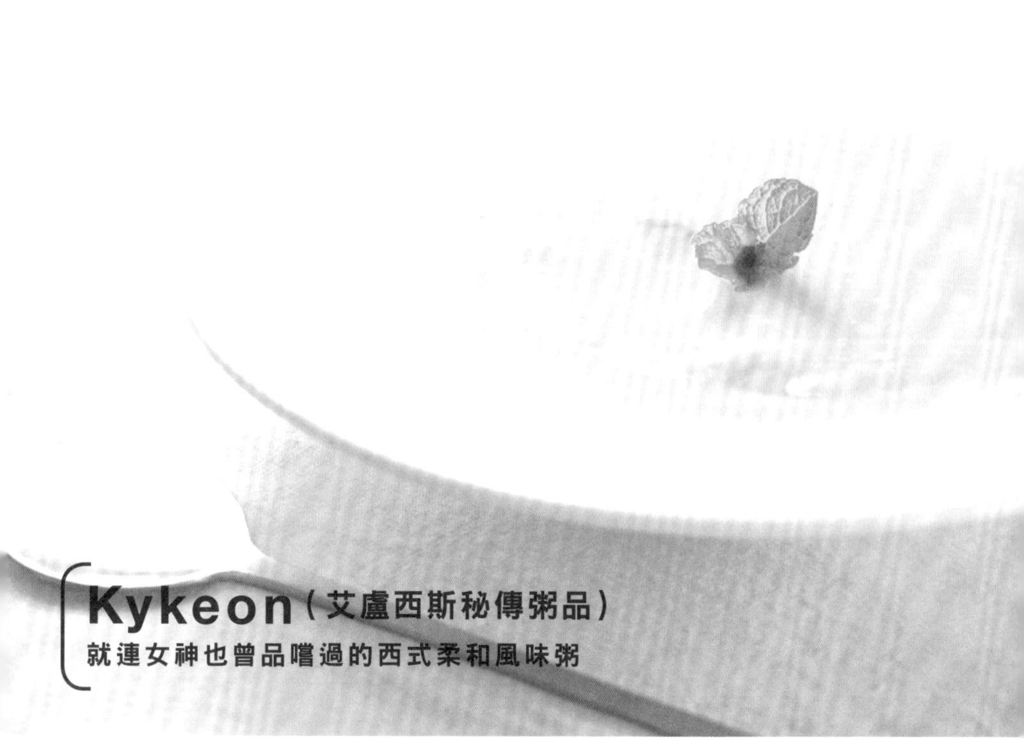

Kykeon（艾盧西斯秘傳粥品）

就連女神也曾品嚐過的西式柔和風味粥

材料 4人份

粗粒小麥粉 — 120g
蛋蜜 — 2大匙
蛋 — 1顆
水 — 150mℓ
薄荷 — 1片
瑞可達起司 — 360g
- 牛奶 900mℓ
- 生奶油 — 180mℓ
- 檸檬汁 — 180mℓ
- 鹽 — 1大匙

作法

1 將粗粒小麥粉倒入料理盆中，接著倒入水，並等待15分鐘左右。

2 當1變軟後，再移至鍋子。

3 加入瑞可達起司（作法參照28頁）、蜂蜜、蛋液。

4 用小火烹煮5分鐘，但不可煮滾。盛入器皿後，放上薄荷做裝飾。

point

這道粥品背後，隱藏著於世間流浪的女神狄蜜特，接受人間女性施捨的逸聞。若想讓料理更加濃稠，不妨增加瑞可達起司的用量。

chapter.2

蘇格拉底的吃飽再說

古希臘（西元前800年～西元400年左右）

蘇格拉底的擔憂

蘇格拉底生活在西元前4世紀的古雅典（現在的雅典）。他是名提倡「無知之知」，以問答式對話為畢生志業的哲學家。這樣的蘇格拉底也留下了與用餐相關的名言。

別為了食而生存，要為生存而食

對於蘇格拉底的這句名言，我們一般會解釋為，人們有著必須完成的目標，而吃飯不過是為了目標而存在。毫不克制食慾，浪費人生是本末倒置的行為。

然而，當中的意涵是否真的如此簡單？從這句話似乎也可看出，在古希臘時代，絕

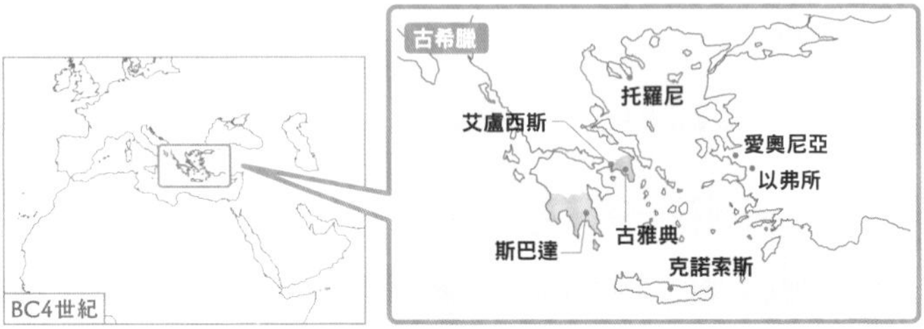

大多數的人都抱持著人生意義就是享受食物的看法。這使得蘇格拉底感到相當憂慮，因此才會叮囑弟子們「務必警惕」。

其實古希臘人非常喜愛宴會場合，他們會躺在吃飯用的臥床上（稱為Kline），以手抓取料理，邊聊天、邊飲酒享受。有時甚至會飲酒過量，出現相互鬥毆等失控行為。

蘇格拉底所在的時代同時也是充滿美食的時代。除了有鍋類料理、烘烤料理外，更出現了各式各樣結合香料或醬料的烹調手法。「美食學」（Gastronomy）這個意指製作料理時，必須運用到的技術與學問概念大約也是在這個時期形成。阿特納奧斯（Athenaeus）於2世紀撰寫的《智者之宴》（Deipnosophistae）中，提到了多元豐富的食材、烹調法，以及各城市宴席間的趣聞，從中可感受到人們對吃的熱情。

熱愛宴會及美食的古希臘人。這些被蘇格拉底形容成「為食而生」的人們，究竟過著怎樣的飲食生活呢？

古希臘的食材

古希臘世界是指愛情海沿岸以及所謂的小亞細亞地區，此地區的文明起源於西元前3000年左右。西元前8世紀至西元前3世紀期間，這裡出現了大大小小約

蘇格拉底

西元前469～西元前399年。蘇格拉底雖然以問答對話法打開知名度，卻也招來許多人的怨恨。最後更蒙受冤罪，飲下毒參汁而死。

1500個城邦（Polis），每個城邦的人民紛紛各自築起城牆，並將其四周作為農用地或牧場為生。希臘本島最大的城邦是軍事能力強大的斯巴達，其次則是蘇格拉底所在的雅典。

整個希臘以山地居多，不僅少雨，土地也稱不上肥沃。雖然不適合種植穀物，卻能收成大量的橄欖、葡萄及無花果等水果。許多大城市便將作物加工成橄欖油或葡萄酒出口，人們更以出口賺到的財富取得小麥或大麥等主食。

古希臘人以麵包或粥為主食。自西元前5世紀起，便以各種麥類製作麵包，據說麥子的種類更超過70種。

此外，海鮮類也是相當容易取得的食材。相傳當時可在市場的魚販攤看見鰈魚、鱈魚、鮪魚、沙丁魚、鰻魚，甚至還有龍蝦、牡蠣、海膽等新鮮魚貝類。此外，希臘也相當常食用豆類、洋蔥、蕪菁、萵苣、哈密瓜、葡萄、蘋果等蔬果。

由於古希臘並沒有足夠的放牧空間，因此除了在祭典時供奉給神明的屍肉外，幾乎不會食用肉類。但進入西元前5世紀左右，與他國的交易及殖民普及後，牛肉及豬肉等肉品也終於開始出現在餐桌上。

古希臘歷史

BC 3000 年左右	形成愛琴海文明
BC 1200 年左右	特洛伊戰爭
BC 700 年左右	出現雅典、斯巴達城邦
BC 683 年	雅典廢除君主制度，歷經了貴族執政、僭主政治後，走向民主
BC 499 年	波希戰爭
BC 470 年	蘇格拉底誕生
BC 431 年	伯羅奔尼撒戰爭
BC 399 年	蘇格拉底遭處刑
BC 146 年	被羅馬征服

饗宴前要先吃飽

在古希臘世界中，每位市民都是政治的主角。因此就政治層面而言，人們面對面辯論的機會可說相當重要。其中，從傍晚開始的餐會更被視為非常關鍵的交流場合。這個餐會只有男性能參加，除了會以貴族的住所、神殿會作為餐會地點外，有時也會在戶外舉辦。生日會、結婚慶典、迎賓宴、國家慶典或運動大會的慶功宴等形式都成了舉辦聚餐的名義。

在古希臘，這類聚餐可明確地分成餐會及酒會兩種型態，後者更極具重要意義，名為「饗宴」（Symposium）。

古希臘的饗宴有著固定儀式，雖然作法會依時代有所差異，但參與者基本上都會為了諸神戴上花冠，所有的人更必須為守護靈潑灑葡萄酒。完成儀式後，則會轉變為展露歌唱或誦詩的熱鬧場景。過程中原則上除了會飲用葡萄酒外，有時還會出現起司或以小麥製成的圓薄餅作為「點心」。

舉辦於饗宴前的餐會所出現的料理頗為豪華，除了主人家負責準備餐點外，客人也會帶著料理上門。或許正是因為饗宴的時間冗長，才會讓古希臘人認為「肚子要先填

饗宴的情景。男性戴上花冠，橫躺於Kline床，享受著聊天及餘興節目。這樣的饗宴型態更延續至羅馬帝國

飽」吧！雖然我們都認為蘇格拉底主張要避免浪費的飲食，但為了能夠進行議論，仍會在饗宴前補足能量。

接著，就讓我在此具體說明當時的古希臘料理，以及重現料理的方法。

≈1≈ Melas Zomos（斯巴達風味黑湯）

首先，我們要來看看斯巴達這個有著強烈軍事色彩城邦的料理。

斯巴達的士兵以驍勇善戰聞名。他們從小便開始接受嚴格訓練，甚至處於有一餐沒一餐的環境中。鍛鍊肉體的同時，也磨練出不屈不撓的精神。這樣的「斯巴達式教育」更與飲食結合，最具象徵性的料理便是「Melas Zomos」。

斯巴達士兵的主食雖說是放有豬肉的湯品，但使用的主要食材其實有動物的血、肉以及膽汁，更有文章對這道湯的味道留下了這樣的形容。

對斯巴達人而言，最珍惜料理中的黑色燉湯。年長者不吃小肉片，而是倒出燉湯飲用。據說朋士斯（Pontus，黑海沿岸地區）的某位國王更為了這道燉湯，聘請拉科尼亞（Laconia，斯巴達領地）的廚師。不久後雖然品嚐到了這道燉湯，

卻是讓人無比失望的味道。

《希臘羅馬英豪列傳》

斯巴達人在和平時會喝這道「味道讓人無比失望」的黑湯，但是卻能在戰爭時吃到美味料理。斯巴達人就是利用這樣的方式，培養出憎恨和平、喜愛戰爭的理想戰士，這樣的想法實在可怕。

很可惜的，現在這道惡名昭彰的黑湯料理食譜已經不存在了。但從材料來推測，應該是將豬肉切塊燉煮，再加入**豬血**、醋（酒醋）以及膽汁後，製成帶稠度的湯品。

我也試著拿掉材料中的膽汁製作這道湯品。乍看之下烏漆抹黑的，相當詭異。放進嘴裡的瞬間，血味整個在口中擴散開來，害我不慎嗆到。這可不行……必須思考如何讓黑湯變得更美味才行。

首先，我以血腸替代豬血。為了蓋掉血的腥臭味，更以橄欖油、蜂蜜、紅酒醋中和，接著再加入鹽、胡椒調味。黑湯中原有的材料實在少得可憐，於是我試著加入了當時斯巴達人常吃的瑞可達起司（Ricotta Cheese）及豆類，讓內容物變得更豐富些。

改良食譜後，不僅風味變得柔和，血味也不再那麼明顯。黑湯就這樣搖身一變，成了充滿鮮味及濃郁風味的湯品。

豬血

動物的血富含鐵質等豐富的營養成分。現今菲律賓料理的燉豬血(Dinuguan)仍使用豬血。各位可在亞洲食品行或網路商店購買名為「DUGO」的商品。

≈2≈ Krambe（古雅典風味高麗菜沙拉）

對古希臘人而言，比起蔬菜，高麗菜反而被歸類在藥草。他們從經驗得知，高麗菜能治療頭痛、胃病，其中對宿醉更是有效。對現代的日本而言，高麗菜除了被用來作為炸豬排的配菜外，更成了胃腸藥品名。高麗菜可說是跨越時空，被古今之人視為整腸健胃的珍寶。

那麼，古希臘人是怎麼品嚐遠從２０００年以前，就被當成健康食品的高麗菜呢？古雅典人Mnesitheus曾留下這樣的食譜。

以銳利的鐵刀削切高麗菜，水洗後瀝乾。接著與大量的芫荽及芸香一同切成細丁。灑上蜂蜜醋，加入少許Silphion。此料理更可作為前菜食用。

※（摘自《The Classical Cookbook》的《Medical Collections》）

蜂蜜醋是將蜂蜜與紅酒醋加熱混合製成的醬汁，在古希臘時代相當普遍。芸香則是一種香草，由於目前已知芸香具有毒性，因此省略該食材。※Silphion雖然同為一種相

※編註：作者參考日文版書籍《古代ギリシア・ローマの料理とレシピ》

※譯註：亦稱Silphium

高麗菜富含豐富的膳食纖維，具有防止血液中酒精濃度上昇的作用。植物學權威泰奧弗拉斯托斯（公元前371年～公元前287年）曾說過「就連葡萄在生長的時候也會害怕高麗菜的氣味」，宣揚高麗菜對於過量飲用葡萄酒的效能。

當常見於古希臘料理的野生香草，但早在西元前1世紀便已絕跡，我選擇改以種類相似的**阿魏**（Assafoetida）替代。阿魏是種被戲稱為「惡魔之糞」的調味料，有著極強的苦味及氣味，因此添加一小撮便非常足夠。

≈3≈ Kitharos（香草風味烤鰈魚）

古雅典等地中海沿岸城邦經常食用鰈魚。被認為是由美食家阿比修斯（Apicius）所撰寫的料理書中，便提到了包含鰈魚在內，烹調白身魚類的訣竅。

先處理好魚肉。接著在研磨鉢中放入鹽、芫荽籽並混合，接著將其鋪在魚肉上，將魚肉放在烤盤並蓋上蓋子，於窯爐中烘烤。烤熟後取出，以帶有強烈酸味的醋調味後，即可上桌。

（《Apicius》）*

窯爐是當時最先進的烹調器具。魚肉會先以鹽、芫荽粉入味後，再使用白酒醋進行調味。

阿魏

又稱為Hingu。目前於南印度的湯品料理中仍相當常見，可於網路以700日圓購買到約50g的商品。

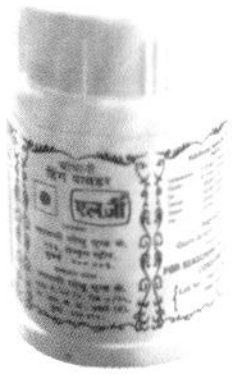

我在想，既然都要製作此料理，不如順手追加個步驟。在《智者之宴》（Deipnosophistae）中，有特別提到與鰈魚相關的內容。文中「Kitharos」指的便是鰈魚。

以葉片包裹顏色白、肉質硬的大塊Kitharos，並以乾淨的海水烹煮。以剛磨好的筆直刀具刺進魚身顏色為紅色、特別是體型較小的Kitharos，將其烘烤後，接著塗抹大量的起司與橄欖油。

（《智者之宴》※）

將鰈魚以葉片包覆烘烤，最後再使用起司與橄欖油。這裡使用的葉片是月桂葉。在西元前8世紀荷馬（Homer）著作的《奧德賽》（Odyssey）中，曾描寫到獨眼巨人（Cyclops）以山羊奶製作起司，可見起司是自神話時代便存在的加工食品。將這兩種烹飪法組合，就完成一道擁有令人食指大動的起司與香草香氣、味道紮實的魚料理。

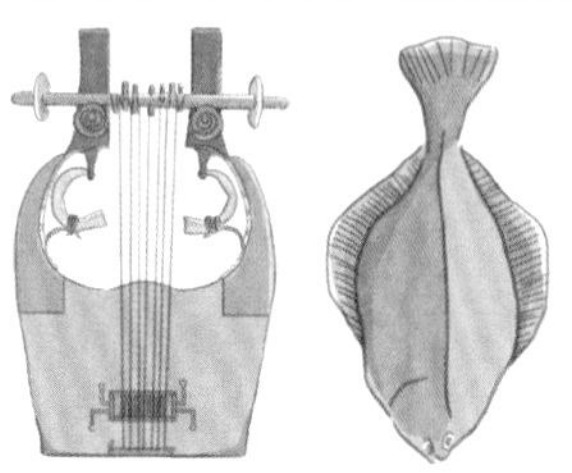

由於鰈魚的形狀與古希臘的豎琴樂器「西塞拉琴」（Kithara）相似，因此鰈魚又被稱為Kitharos。

※編註：作者參考日文版書籍《食卓の賢人たち》

≈4≈ 托羅尼風味鯊魚排

古希臘人會食用各種鯊魚。就以《智者之宴》為例，當中記載著與星貂鯊、扁鯊等種類多樣的鯊魚。

托羅尼（Toroni）是坐落於希臘北部，卡爾基第吉縣（Chalkidiki）的古代城邦。此地不僅葡萄酒出口貿易興盛，更是美食之都。將托羅尼讚譽為「能品嚐到最高級料理之地」的詩人阿切斯特亞圖（Archestratus，西元前4世紀），便曾留下與鯊魚料理烹調法相關的文獻。

托羅尼人會去買鯊魚肚切片，並於魚片撒上些許孜然及鹽，淋上綠色橄欖油後，便不再添加其他材料。接著將裝飾用的蔬菜細切，鋪在魚排上。在烘烤魚排時，千萬不可於烤鍋中加入水或紅酒醋。只需倒入油、孜然及香氣濃郁的香草，並以小火，而非大火烹調。同時要隨時搖晃烤鍋，避免燒焦。

（《The Classical Cookbook》）

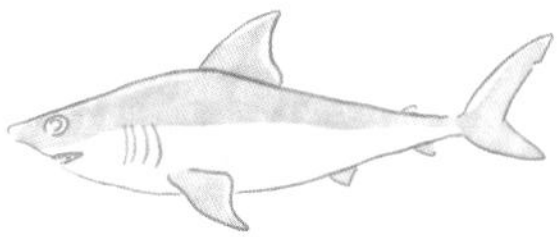

日本栃木縣、三重縣、廣島縣的鄉土料理中，也會以鯊魚為食材。推薦各位能方便在網路購得的氣仙沼產太平洋鼠鯊。

魚排品嚐起來如雞肉般爽口，香草香氣更有畫龍點睛之效。配菜的生菜沙拉則淋上以橄欖油、紅酒醋、魚露製成的古希臘風味醬汁。尚未吃過鯊魚肉的讀者務必嘗試看看這道托羅尼風味的鯊魚料理。

≈5≈ Kykeon（艾盧西斯秘傳粥品）

Kykeon，相信各位讀者應該都是第一次聽聞這樣的料理名稱。這是道在掌管穀物及大地的女神狄蜜特（Demeter）神話中曾出現的料理。先向各位介紹故事內容。

狄蜜特與至高神宙斯有位名為科瑞※（Kore）的美麗女兒。某天，冥王哈得斯（Hades）劫走了科瑞。不僅如此，宙斯更擅自允諾要將女兒送給哈得斯。對此狄蜜特不僅極為震怒，更完全放任神祇之職不顧，徘徊人間，尋找女兒的下落。

最終，狄蜜特來到了位在雅典西北方，艾盧西斯（Eleusis）屬地的某戶宅邸。狄蜜特一心只想著女兒科瑞，因此完全沒有進食。這時狄蜜特接受了該戶人家的好意，吃下對方提供的料理，而這道料理就是Kykeon。由於宙斯再也看不下去這樣的情況，因此開出了科瑞一年只留在冥界3分之1時間的條件，讓科瑞能再度回到狄蜜特身邊。

※譯註：亦稱波瑟芬妮(Persephone)

《奧德賽》第九卷中，提到旅者在獨眼巨人住處發現了起司。「起司籃中滿是起司，並飼養著數量多到無法全數趕進柵欄的小山羊及小綿羊」、「那傢伙（獨眼巨人）坐著，擠出母綿羊及山羊的羊奶，並讓小羊們吸奶。接著將一半左右的羊奶凝固，放置於小樹枝編織而成的濾網上」。巨人還可真是出乎意料地勤勞呢！

古希臘時期更有著緣由自此神話的艾盧西斯神祕儀式（Eleusinian Mysteries）。雖然Kykeon的食譜已不可考，但我試著從眾多資料中，擷取出能夠參考的情報。

①材料以磨碎的大麥粉及薄荷調製而成。
②被形容成是「介於固態食物及液態飲料間的料理」。
③Kykeon原本為「攪拌後變濃稠」之意。

看了上述的形容後，腦中便可浮現出以穀物製成的黏稠液態料理。因此我選擇使用以杜蘭小麥粗磨而成的粗粒小麥粉為基底，加入古希臘普遍食用的蛋、瑞可達起司、蜂蜜，製成濃稠的粥品，最後再加入薄荷，即可完成這道有著高營養價值，口感柔和的湯粥。

品嚐每一道風味

歷史學家希羅多德（Herodotus）雖然將分散生活於各個城市的希臘人定義為「流著相同的血、說著相同的話、信仰著相同的神、有著相同生活習慣」的民族。但至少

艾盧西斯神祕儀式

若透露儀式內容將會被處以死刑，因此詳細的內容並未流傳下來。但相傳儀式目的除了祈求豐收外，更承諾能讓人在死後世界得到幸福。

在飲食方面，希臘人們吃的東西不盡相同。各個城邦皆擁有獨自的調味方式及烹調手法，這如同馬賽克藝術般多姿多采的元素，更是古希臘料理的魅力所在。

然而，古希臘城邦間還是有著共同的味道。如蜂蜜、紅酒醋、香草類、阿魏等，便是整個希臘城邦皆有使用的調味料。融合甜味、酸味、香氣及苦味於一體的絕妙滋味堪稱是古希臘料理具備的特質。

最後，再向各位介紹蘇格拉底式的享受美食法。這是蘇格拉底看到同伴僅以一塊麵包，搭配許多配料品嚐時所說的一段話。

一會兒吃下許多食物、一會兒又一口氣將所有美味全塞進嘴哩，如果用這種方式品嚐食物，還有比這更糟蹋料理的行為嗎？在料理人的調理基礎上額外添加其他風味、認為這樣就能讓料理更加高級的同時，又聲稱料理人的搭配不夠好，所以才加入額外的食物一起吃。但若是料理人的烹調方式無誤，這樣的行為就等於是糟蹋了料理人的手藝。

（《蘇格拉底回憶錄》※）

此番評論對於像我這樣因料理美味，總是停不下口的人而言，可說是戳到痛處。看來必須自我警惕，別讓蘇格拉底生氣呢！

古希臘香草風味水

我參考了亞里斯多芬（Aristophanes）喜劇的《和平》（Peace）中一段提到「以百里香製成飲品」的內容，調配出古希臘的香草風味水。除了百里香外，也使用了古希臘便有的水果及香草植物。

【材料】

水……200㎖
葡萄……4g（2粒）
蘋果……25g（1/8顆）
薄荷……1枝
百里香……1枝
肉桂棒……1枝

※編註：作者參考日文版書籍《ソークラテースの思い出》

chapter.3

凱薩大帝的慶祝宴會

古羅馬

（西元前600年～西元400年左右）

成功證明「道道料理通羅馬」！
魚露、葡萄汁、香草的調味會讓人欲罷不能，
讓我們好好享受羅馬的〈料理帝國〉風味。

MENU

Sala Cattabia（古羅馬風味雞肉沙拉）

吸飽雞高湯的麵包丁實在美味！
深受羅馬市民喜愛的冷製雞肉沙拉

材料 4人份

吐司＝1片
雞腿肉＝200g
醃牛肉＝100g（1罐）
小黃瓜＝100g（1條）
洋蔥＝200g（1顆）
香芹＝100g
起司粉＝適量
橄欖油＝適量
白酒＝100mℓ
鹽＝2小匙
松子＝2小匙
淋醬
- 生薑＝1片
- 葡萄乾＝10g
- 薄荷＝適量
- 芫荽粉＝1小匙
- 芹菜粉＝1小匙
- 蜂蜜＝1大匙
- 紅酒＝10mℓ
- 紅酒醋＝20mℓ
- 橄欖油＝100mℓ
- 鹽、胡椒＝適量

6

作法

1. 製作麵包丁。
將吐司去邊，切成一口大小。
塗抹橄欖油後，以平底鍋煎到呈金黃色。
2. 於盆底鋪上麵包丁。
3. 於鍋中放入切成骰子狀的雞腿肉、白酒、鹽，
加熱直到雞肉熟透。
將剩餘的湯汁移到其他容器。
4. 將小黃瓜及洋蔥切成薄片，洋蔥須事先炒過。
5. 於2的盆器中鋪上洋蔥、小黃瓜、松子、醃牛肉、
雞肉後，撒上起司粉。
6. 將5淋上醬汁及3的湯汁，置於冰箱冷藏1小時。
7. 以器皿盛裝，最後再擺上香芹做裝飾。

淋醬作法

1. 磨碎生薑、葡萄乾、薄荷。
2. 於碗中放入1，接著加入芫荽粉、芹菜粉、紅酒醋、
紅酒、蜂蜜、橄欖油、鹽、胡椒並攪拌混合。

平民風味 豆子湯

能夠暖和羅馬市民之胃的家庭風味

材料 4人份

大麥＝30g
扁豆＝30g
鷹嘴豆＝30g
四季豆＝30g
大蔥＝100g（1根）
高麗菜＝150g（1/8顆）
西洋菜＝50g（1/2束）
蒔蘿＝2片
芫荽粉＝1小匙
茴香粉＝1小匙
水＝500mℓ
橄欖油＝50mℓ
鹽＝適量

作法

1 將大蔥切成蔥花，高麗菜切成骰子狀，西洋菜則切成段狀。

2 於鍋中放入水、大麥、扁豆、鷹嘴豆、細切的四季豆及鹽，並以小火烹煮20分鐘。

3 當豆類煮軟後，加入30mℓ橄欖油。

4 於1加入茴香粉，再以中火烹煮10分鐘。

5 撒入蒔蘿與芫荽粉增添香氣。

6 以鹽及20mℓ橄欖油調味。

Puls（古羅馬風味燉飯）

大麥Q彈的口感相當有趣！

材料 4人份

大麥＝150g
炸洋蔥＝10g
芫荽粉＝1小匙
蒔蘿＝1片
橄欖油＝50mℓ
水＝500mℓ
鹽＝適量
醬汁
- 孜然粉＝1小匙
- 芫荽粉＝1小匙
- 蜂蜜＝1大匙
- 紅酒醋＝20mℓ
- 葡萄汁＝30mℓ
- 魚露＝10mℓ
- 胡椒＝適量

作法

1 將大麥與水放入鍋中，加熱至沸騰後，再以小火烹煮15分鐘。

2 加入炸洋蔥、蒔蘿、橄欖油，接著再以小火烹煮15分鐘。

3 撒下芫荽粉與鹽調整味道。

4 於3加入醬汁材料並予以攪拌。以小火稍微收乾湯汁，當變得像燉飯時，即大功告成。

point
當步驟4中，若因為水分不足使料理無法呈現燉飯狀態時，可添加適當水量予以調整。

古羅馬風味牛排

以特製的酸甜醬汁帶出牛肉鮮味！

材料 4人份

牛里脊肉＝400g
香芹＝10g
醬汁
- 紅酒＝50mℓ
- 紅酒醋＝30mℓ
- 蜂蜜＝1大匙
- 魚露＝10mℓ
- 橄欖油＝50mℓ
- 葡萄汁＝30mℓ
- 炸洋蔥＝10g
- 葡萄乾＝10g
- 清湯（粉）＝1小匙
- 芹菜粉＝1小匙
- 孜然粉＝1小匙
- 牛至＝1小匙
- 胡椒＝適量

作法

1. 以平底鍋香煎切成一口大小的牛里脊肉。
2. 倒入醬汁，稍微煮滾。擺盤後，以香芹做裝飾。

醬汁作法

1. 於料理盆中放入炸洋蔥、葡萄乾、芹菜粉、孜然粉、牛至、胡椒，搗碎並充分混合。
2. 接著加入紅酒、紅酒醋、蜂蜜、魚露、橄欖油、葡萄汁、清湯粉。

Melizomum · Hypotrimma

（蜂蜜風味茅屋起司）

羅馬皇帝也相當喜愛的一口甜點

材料 4人份

茅屋起司＝100g
- 牛奶＝400mℓ
- 醋＝60mℓ

橄欖油＝20mℓ
蜂蜜＝1大匙
鹽＝適量
胡椒＝適量
義大利香芹＝1片

作法

1 製作茅屋起司。
將牛奶倒入鍋中烹煮，開始沸騰後，
再加入醋並攪拌。

2 於濾網鋪上廚房紙巾，將1倒入，等待分離。
留在廚房紙巾上的白色固態物即是茅屋起司。

3 將2移至料理盆中，並混合橄欖油、蜂蜜、
鹽、胡椒。

4 置於冰箱充分冷卻後，再進行裝盤，
並擺上義大利香芹。

point
古羅馬時代已存在果醬。當甜味不夠時，也可與橘子等口味的果醬一同品嚐。

chapter.3

凱薩大帝的慶祝宴會

古羅馬（西元前600年～西元400年左右）

凱薩大帝是個味覺白痴？

西元前8世紀左右，羅馬只是個很小的城市，但隨著領土不斷擴張，逐漸成為在地中海地區擁有眾多殖民地的一大帝國。而奠定羅馬帝國基礎的，便是羅馬共和國時代的政治家，**蓋烏斯・尤利烏斯・凱撒**（Gaius Julius Caesar）。

當時正值被稱為「內亂紀元」的紛擾時代。凱薩大帝在與對手們的政治鬥爭中勝出，並當上了終身獨裁官。但就在即將坐上皇帝大位之際，不幸遭到反對派謀殺。最終，成為羅馬帝國第一位皇帝的，是繼承凱薩大帝遺志的養子奧古斯都（Augustus）。

以羅馬英雄之名名留青史的凱薩大帝似乎對吃不太感興趣，歷史上更留下了這樣的故

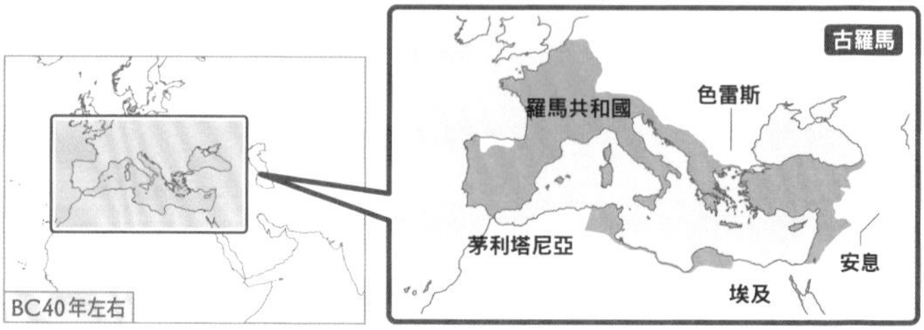

事。

這是凱薩大帝被邀請出席某個宴席時發生的事。宴席上端出了淋有化妝用香油的蘆筍料理。雖然主人宣稱「香油可比橄欖油更昂貴」，但客人們卻都不肯品嚐。唯獨凱薩大帝一臉平常地將料理吃個精光。

也因為這件事，讓凱薩大帝被冠上「味覺白痴」的稱號。然而，凱薩大帝可是位天生政治家，因此被認為相當擅長觀察宴席上的氛圍。會將淋有香油的蘆筍吃下肚，想必也是為了給主人面子。再者，凱薩大帝遠征高盧（法國）等地，在長年軍旅生活的訓練下，相信還是能忍受這些稍微難吃的料理。

而凱薩大帝所生活的年代更是羅馬文化大放異彩的時代。就讓我們循序漸進地探索羅馬人究竟是過著怎樣的飲食生活吧。

洗刷野蠻人的污名

從凱薩大帝時代稍微往前回溯到西元前3世紀，當時的羅馬人被其他國家譏笑為「吃粥的野蠻人」。他們會食用放有蠶豆的麥粥及淋上橄欖油的蔬菜沙拉。與美索不達米亞及古希臘相比，羅馬人的料理內容的確相對簡單。

蓋烏斯・尤利烏斯・凱撒

生於西元前100年～西元前44年。由於凱薩大帝為了向平民們大擺宴席及舉辦鬥士競技大會，便向羅馬眾多貴族借款，使得凱薩大帝又有著「欠債王」的稱號，這也凸顯出凱薩大帝的討喜之處。

然而，羅馬共和國仍是相當強大的國家。除了不斷地將四周的國家納入版圖外，更猶如海綿般地吸收他國的飲食文化，征服希臘更是這整個過程中的轉折點。羅馬也藉此學習種植葡萄的技術、接觸到烘烤麵包的窯爐、養成喝葡萄酒的習慣，以及形成餐後酒會的饗宴文化。

隨著羅馬變得富裕，交易也為之興盛，食材種類更蔚為多元。貴族們的餐桌上可以看見豬、山豬、羔羊、山鶉、金背鳩、珠雞、雕鴞、鮪魚、鯔魚、鱘魚、高麗菜、蘆筍、蕪菁、萵苣。

隨著窯爐的傳入，麵包更成為羅馬的主食。對羅馬而言，製作麵包可說是政策之一。當權者設立了麵包師傅的培育設施及專利工會組織，完全地掌控麵包供需。相傳奧古斯都皇帝掌政的西元前30年，羅馬帝國便擁有329處的麵包製所。其中還包含了添加培根的麵包及甜甜圈形狀麵包，種類之豐富多元，就算陳列在便利商店內也不足為奇。

羅馬也藉此實現多元的飲食文化，一洗野蠻人的污名。

地中海世界的「取優文化」

古羅馬歷史

BC 753年	羅馬建國
BC 509年	開始共和制
BC 200年左右	征服伊特魯里亞
BC 146年	將希臘納入版圖
BC 100年	凱薩大帝誕生
BC 58年	凱薩大帝遠征高盧
BC 44年	凱薩大帝遭暗殺
BC 27年	羅馬進入帝國時期
BC 1年	統一地中海地區
395年	羅馬帝國一分為二

料理種類相當多元的羅馬更形成了獨特的飲食文化。

羅馬最具代表性的調味料，是將魚發酵，充滿鮮味的魚醬油（Garum，一種魚露）。魚醬油雖然自希臘時代便已存在，但羅馬人不僅將其當成調味料，更廣泛地作為腸胃藥或美容精華液運用。

魚醬油是將魚和鹽混合，發酵約7個月製成，由於過程中會發出相當難聞的惡臭，因此工廠只能建於郊區。

葡萄的種植方法從希臘傳入羅馬後，葡萄更被加工成增添甜味的調味料，並與醬汁混合使用。順帶一提，據說希臘人喜歡以早摘葡萄製成酸味強烈的葡萄酒，但羅馬人卻較喜愛飲用以完熟葡萄釀成的甜葡萄酒。

羅馬也是從這個時期開始廣泛使用胡椒、肉桂、丁香等香氣濃郁的東方辛香料。羅馬人透過**亞歷山大大帝**開拓的東西貿易之路，取得這些不曾出現在地中海世界的辛香料。胡椒不僅成了基本調味料，肉桂更被放入葡萄酒中增添風味。

這樣的羅馬人不斷吸取支配國飲食文化中的「優點」，改良成更符合羅馬的風格。看來，古羅馬的貪慾並不單侷限於擴張領土上，更影響著飲食文化。接下來，我們也差不多該進入料理主題了。

亞歷山大大帝

生於西元前356年～西元前23年，為馬其頓王國之主。驍勇善戰，不僅將希臘世界納入版圖，更成功遠征美索不達米亞、埃及、波斯、印度等地，這也促成了地中海地區與東方世界的興盛貿易。

想探索羅馬時代的料理，就必須參考烹飪書《Apicius》。此書提及古羅馬時代各地的料理，敘述內容相當具體，對重現料理而言有著極大幫助。由於《Apicius》並未記載各個材料的使用量，因此我同時參考其他資料，以實際烹調的方式完成食譜。

≈1≈ Sala Cattabia（古羅馬風味雞肉沙拉）

「Sala Cattabia」是指內含麵包與起司，食材豐盛的沙拉。

料理名稱既非來自拉丁語，也不屬於希臘語，雖然出處不明，但據說與坐落於現今土耳其位置的古國利底亞（Lydia）料理頗為相似。也讓人猜想此料理或許是從位於土耳其四周的從屬國傳入羅馬。

《Apicius》也有著與此道沙拉料理相關的記載。

將芹菜籽、乾燥胡薄荷、乾燥薄荷、生薑、芫荽葉、去籽葡萄乾、蜂蜜、醋、油及葡萄酒放入磨缽中，充分搗碎混合。於鍋中依序鋪放些許的皮切奴麵包、雞肉、山羊羔羊的胸腺、Vestine起司、松子、小黃瓜，以及剁碎的乾洋蔥，並於上方澆淋醬汁，置於雪中冰鎮1小時，撒下胡椒即可上桌。

（*《Apicius》）

烹飪書《Apicius》

冠上西元前1世紀美食家·阿比修斯之名的「料理傳記」。書中記載的內容範疇極廣，據說是由包含阿比修斯的多名執筆者編著而成。

第一句是在說明如何製作淋醬。多元的食材種類相當吸引人。

「皮切奴麵包」，是指在位處義大利中部的古城——皮切奴（Picenum）所製作，添加有葡萄汁，口感較硬的麵包。雖然可從麵團開始製作麵包，但我在這裡是將市售麵包放在抹油的平底鍋上熱煎使其變硬，重現皮切奴麵包的口感。「山羊羔羊的胸腺」則以醃牛肉（Corned Beef）替代。「Vestine起司」的作法雖不是相當清楚，但食譜中有提到「切碎」，因此我使用了起司粉。

將切成一口大小的麵包烤成金黃色，鋪滿整個碗底後，再於其上放置食材配料。放完所有配料後，淋上醬汁便大功告成。

Sala Cattabia乍看之下雖然像極了**凱薩沙拉**，但相信麵包的口感及酸甜醬汁將能讓各位感受到完全不同的風味。

≈2≈ 平民風味 豆子湯

當羅馬仍是個小國時，無論是貴族或貧民都會食用這道豆子湯品。但隨著羅馬領土不斷擴張，貴族們開始享受豪華餐宴後，豆子湯便被定位為貧民所吃的食物。就讓我們試著重現這道尚未融合他國文化之前的羅馬「傳統料理」。

凱薩沙拉

源自20世紀前半的墨西哥旅店，歷史相對較淺的沙拉料理。凱薩沙拉與凱薩大帝或古羅馬可是毫無關聯。

我將古羅馬人從最初就開始食用的大蔥、高麗菜等蔬菜，以及扁豆、鷹嘴豆、四季豆等豆類，加上大麥作為材料。

對喜愛豆類的羅馬人而言，這道料理可以說是一切的原點，樸素風味充滿魅力。就讓我們抓緊空檔，迅速製作吧！

≈ 3 ≈ Puls（古羅馬風味燉飯）

「Puls」是古羅馬歷史最悠久的料理之一，意指用麥製成的粥品。過去羅馬人被形容是「吃粥的野蠻人」，這裡的粥就是指Puls。即便凱薩大帝死後，羅馬進入帝國時期（西元前27～西元395年），平民百姓常吃的食物仍是Puls。老百姓們經常前往名為**Popina**的輕食餐館，據說在那裡能品嚐到添加有四季豆、豌豆等豆類，稍微用點時間就能烹煮完成的Puls。

Puls的作法眾說紛紜。我選擇以大麥及洋蔥為主要食材重現Puls，並使用蜂蜜、魚露、葡萄汁等這些古羅馬時代少不了的調味料混合調配成醬汁。

隨著羅馬擁有的從屬國數量愈來愈多，階級高低所形成的生活差異也愈來愈大。而

Popina（輕食餐館）

古羅馬時代的餐廳類型多元，除了有提供高檔食材的「Cenatio」外，還有像居酒屋的「Taverna」。Popina則是當中為數最多的餐廳，不僅供應有Puls，還提供了汆燙豬肉、兔肉、橄欖、香腸、沙拉、歐姆蛋等料理。其中還有能夠飲用葡萄酒的店家。

Puls可說是一路陪伴平民百姓的最佳夥伴，也是只要花小錢就能享受的料理。各位不妨將自己想像成羅馬市民，試著享受結合酸甜及稍鹹風味的口味。

≈4≈ 古羅馬風味牛排

接著要介紹古羅馬貴族吃的料理，貴族們的胃裡可是裝滿了肉和魚。例如史料上就留有下述的牛肉料理食譜。

嫩煎犢牛。胡椒、歐當歸、芹菜籽、孜然、牛至、乾洋蔥、葡萄乾、蜂蜜、醋、葡萄酒、魚醬油、油、Defrutum葡萄汁

（《Apicius》*）

由於是排餐料理，只須將肉置於平底鍋熱煎即可。羅馬人用餐時不使用刀具，因此須先將肉切成一口大小後，再放入平底鍋中。

牛排的淋醬則以蜂蜜、魚露、Defrutum葡萄汁（Defrutum是將葡萄汁煮到收乾成2分之1的濃縮果汁）、橄欖油、紅酒、香草辛香料等材料製作。此醬汁更被認為是現今法國料理中的波多爾醬汁（Bordelaise sauce）原型。

　藉由魚露及葡萄汁，調味出充滿酸甜風味的**肉類料理**。敬請各位細細品嚐古羅馬人熟悉的複雜濃郁香氣及口感。

≈5≈ Melizomum與Hypotrimma

（蜂蜜風味茅屋起司）

古羅馬貴族享用完主菜後，一般都會再端出附帶蜂蜜的點心。除了有牛奶、無花果、椰棗、葡萄，最後一定是以蘋果作結束。此外，據說古羅馬時代的甜點中，還曾出現麵包中夾有蜂蜜及葡萄乾，類似磅蛋糕的點心。

　這回就讓我們來改良羅馬的起司料理，增添香甜風味吧！

　古羅馬有著名為「Caseus Recens」的起司。將牛奶分離後，製成柔軟如肉鬆狀的起司，這些起司類似現代的茅屋起司（Cottage cheese）或瑞可達起司。我這次則以自製的茅屋起司為主要材料，重現古羅馬起司。

　在古羅馬時代，會將做好的起司放入缽中，與香草及調味料混合。這樣的料理名為「Melizomum」或「Hypotrimma」。《Apicius》中也分別提到了這兩道料理的食譜。

肉類料理

古羅馬時代最常見的肉類料理是烤整隻的山豬及滷豬肉。牛肉開始出現在餐桌上要等到西元前3世紀之後。此外，古羅馬人也會食用從高盧（法國）或日耳曼尼亞（德國）進口的火腿。

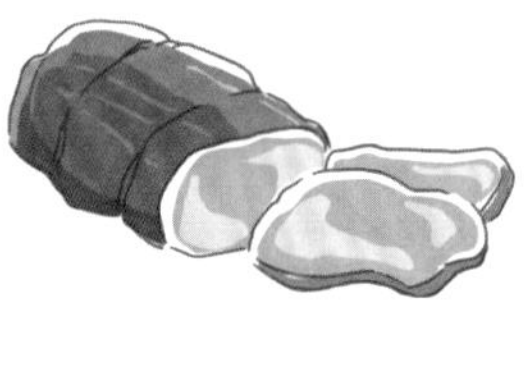

於乳缽中混合材料（引用者註：指的是Melizomum）——薄荷、芸香、芫荽、茴香（以上皆為新鮮材料）、歐當歸、胡椒、蜂蜜、魚醬油，必要時再添加醋。

Hypotrimma——胡椒、歐當歸、乾燥薄荷、松子、葡萄乾、椰棗果實、甜起司、蜂蜜、醋、魚醬油、油、葡萄酒、Defrutum或Caroenum

（《Apicius》*）

食譜雖然列出相當多的調味料及材料，但這次我們是要做成甜點，因此僅使用蜂蜜及橄欖油。將上述材料與牛奶、醋加熱分離後製成的茅屋起司混合塑形成圓頂狀後，置於冰箱冷藏。最後擺上與起司料理極為搭配的義大利香芹，便大功告成。

這道料理看似複雜，做起來卻相當簡單。軟嫩口感的起司與蜂蜜融合後，成為一道清爽的甜點。與果醬一同品嚐也非常美味。

道道料理通羅馬

隨著領土不斷擴張，羅馬一躍成為吸收周邊國家飲食文化的「料理帝國」。除此之外，更將取得的食材以魚醬油、蜂蜜醋、葡萄汁等調味料調味，建構出獨特的自有飲食文化。前文介紹的5道料理所使用的食材雖然垂手可得，卻能讓現代人享受到前所未有的美味體驗。

雖然凱薩大帝被懷疑是個味覺白痴，但卻相當理解「飲食」能賦予人活力。對此，凱薩大帝更為了屯兵，頒布從屬國必須熟悉羅馬食材的政策。以不列顛尼亞（Britannia，現在的英國）為例，凱薩大帝不僅下令移植葡萄、扁豆，更將雞、兔、雉雞作為家禽飼養。這些食材在之後更深深地影響包含歐洲在內的整個地中海世界。由阿比修斯及蓋倫（Galen）等古羅馬時代知識份子所編撰，與飲食相關的書籍更被視為古典傳閱至今。無論是物質層面或精神層面，羅馬對後世的飲食文化帶來了深遠的影響。看來，用「條條大路通羅馬」來形容飲食料理也極為合適。

古羅馬料理可說是我們熟悉的西歐料理直系先祖。每當想到所吃的料理就是從這裡開展而出的，就會浮現很深刻的感觸。當各位對每天的飲食感到一成不變時，不妨試著回歸到原點的「古羅馬料理」來重新審視吧。

波斯卡

羅馬士兵會將以水稀釋醋製成的飲料「波斯卡」（Posca）裝於皮袋中，攜帶在身上。據說將耶穌釘在十字架上的士兵們也曾喝過。我則稍微大手筆地使用了蘋果醋、紅酒醋及白酒醋重現波斯卡。

【材料】

- 水……200mℓ
- 蘋果醋……1大匙
- 紅酒醋……2小匙
- 白酒醋……2小匙

chapter.4

理查三世的享受

中世紀英格蘭
（15世紀）

堅果飯、金黃燉菜、黃芥末漬鱈魚，
全都是色彩繽紛，又富有玩心的中世紀料理。
不妨與家人一同品嚐充滿可愛元素的偏甜調味料理吧！

MENU

中世紀風 杏仁飯

極佳的杏仁與堅果口感！
英格蘭貴族喜愛的飯類料理

材料 4人份

米＝1又½杯
杏仁＝50g
豌豆＝15g
核桃＝10g
檸檬＝80g（1顆）
奶油＝15g
蜂蜜＝4大匙
鹽＝½小匙
肉桂粉＝½小匙
水＝300mℓ
白酒＝100mℓ

作法

1 將杏仁、豌豆、核桃切碎。

2 於平底鍋放入1的食材、米、水、奶油、肉桂粉、白酒，以小火燉煮30分鐘。

3 當米煮透後，加入檸檬汁。

4 撒鹽調味後裝盤。

5 另外以其他容器盛裝蜂蜜，依個人喜好添加。

2

3

point
推薦各位使用口感較辣的白酒。與清爽的杏仁及檸檬風味搭配性極佳。若想更有英格蘭貴族的氛圍，還可撒入1大匙的肉桂粉。

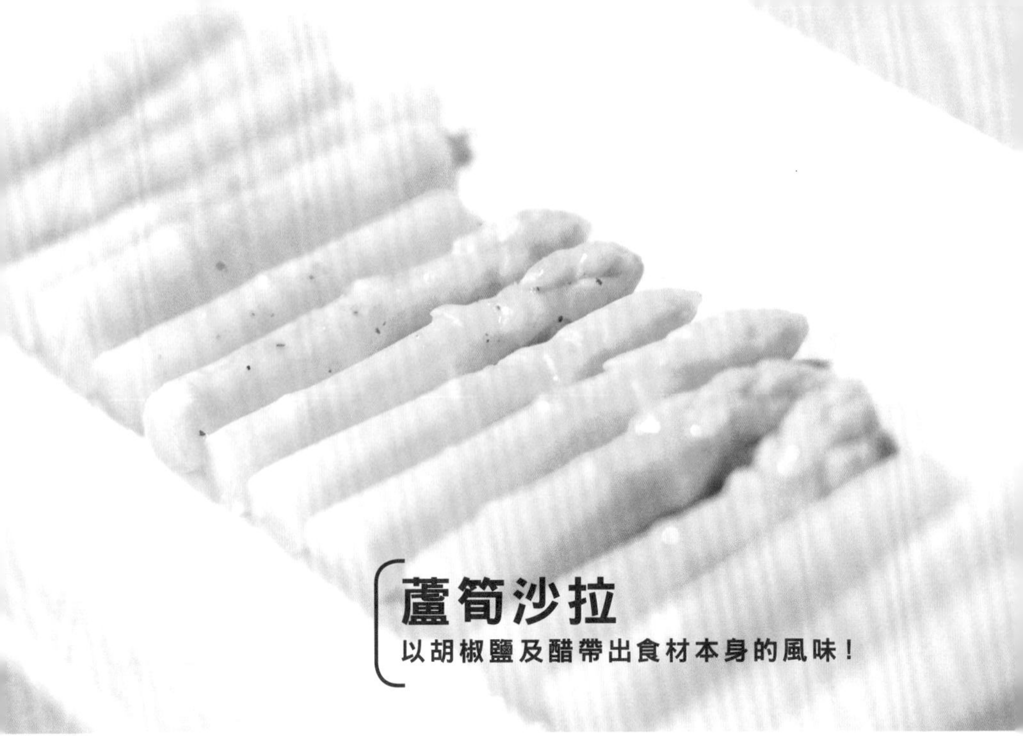

蘆筍沙拉
以胡椒鹽及醋帶出食材本身的風味！

材料 4人份

蘆筍＝80g（4根）
橄欖油＝30mℓ
紅酒醋＝10mℓ
鹽＝1小匙
胡椒＝1小匙

作法

1. 將蘆筍切成4等分。
2. 放入熱水中，汆燙5分鐘。
3. 於料理盆混合橄欖油、紅酒醋、鹽、胡椒。
4. 將汆燙好的2裝盤，淋上3的醬汁。

point
使用白蘆筍時，由於白蘆筍的皮較粗，因此汆燙前，可先以削皮刀稍微去皮。

Mawmeny（金黃色牛肉燉菜）
能暖胃去疲，讓人一碗接著一碗的燉煮料理

材料 4人份

牛肉＝200g
蛋黃＝3顆分量
奶油＝15g
鹽＝1小匙
番紅花＝1撮
迷迭香＝1枝
牛奶＝1ℓ
啤酒＝100mℓ

作法

1. 於平底鍋抹層奶油，並將牛肉炒至顯色。
2. 於鍋中加入牛奶、鹽、番紅花，以小火加熱。
3. 將1加入2的鍋中，以小火烹煮10分鐘後關火。
4. 於料理盆加入啤酒及蛋黃，並攪拌混合。
5. 將4加入3的鍋中，充分攪拌混合。
6. 裝盤後，以迷迭香做裝飾。

point
步驟2加熱牛奶時，須注意火侯，別讓牛奶滾沸。還可加個義大利麵或白飯，非常適合作為宵夜。

扁豆羊肉湯
羊肉鮮味直衝而來的絕佳湯品！

材料 4人份

乾燥扁豆＝50g
羊肉＝200g
蕪菁＝50g（½顆）
奶油＝15g
鹽＝½小匙
胡椒＝¼小匙
肉桂粉＝¼小匙
羅勒粉＝½小匙
雞高湯＝1杯
牛高湯＝4杯
水＝1.2ℓ

作法

1 將奶油放入鍋中，加熱至稍帶焦色後，放入羊肉拌炒。

2 於1加入水及雞高湯，以小火烹煮30分鐘。

3 接著於其他鍋中放入乾燥扁豆，烹煮15分鐘後，倒入2的鍋中。

4 將切成丁狀的蕪菁、肉桂粉、羅勒粉、牛高湯、鹽、胡椒加入2的鍋中。以小火烹煮10分鐘即可完成。

徜徉黃芥末海的鱈魚

大西洋的漁獲至寶與宮廷貴族的嘗鮮精神相輔相成！

材料 4人份

鱈魚 = 200g（4塊魚片）
白酒 = 100mℓ
水 = 100mℓ
鹽 = ½大匙
義大利香芹 = 1枝
醬料
- 芥末籽醬 = 200g
- 奶油 = 5g
- 鹽 = ½小匙
- 白麵包粉 = ½杯

作法

1. 於鍋中加入水及白酒，以大火煮至沸騰。
2. 於1加入鱈魚及鹽，轉小火烹煮15分鐘。
3. 於料理盆中混合芥末籽醬、奶油、鹽、白麵包粉，製成醬料。
4. 將100mℓ 2的湯汁加入料理盆中。
5. 於盤中倒入4的醬料，並將鱈魚裝盤。擺上義大利香芹裝飾，即大功告成。

point

這是道想要呈現出鱈魚徜徉在黃芥末海中的珍奇料理。建議可以用大盤裝盤上桌，並提供小盤，讓品嚐者在取食時能調整醬料分量。

chapter.4

理查三世的享受

中世紀英格蘭（15世紀）

人骨所述說的飲食線索

2012年夏天，有一則新聞震驚了整個英國。那就是位於英國中部古城萊斯特（Leicester）的停車場中，挖掘出疑似約克王朝（1461～1485年）最後一任國王・**理查三世**（Richard III）的遺骨。理查三世被認為在與蘭卡斯特（Lancaster）家族之間的玫瑰戰爭（Wars of the Roses）中，戰死於博斯沃思（Bosworth）戰役，至於遺體的放置地點一直是個謎。經萊斯特大學研究團隊的DNA鑑定，確定該具遺骨為理查三世本人。

雖然喪命於戰場之上的國王其實不多，但理查三世所受到的苦難可不僅於此。就在理查三世死後約莫100年，由莎士比亞編撰的歷史劇《理查三世》於舞台上演。

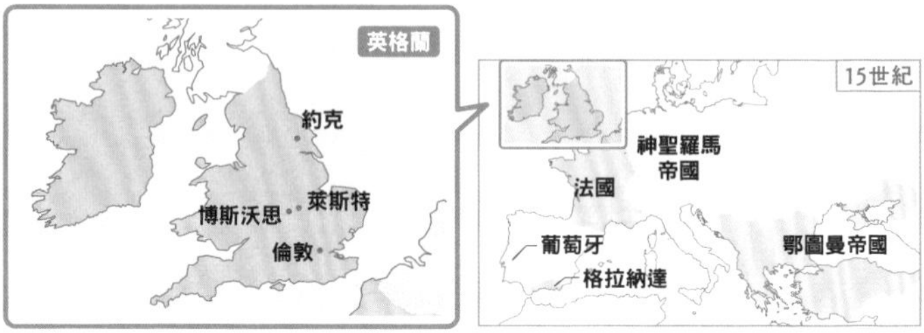

劇中理查三世的形象醜陋且冷酷殘暴，使其被認為是歷代君王中，最惡名昭彰的代表。理查三世悲慘戰死，死後又被世人冠上惡人之名，就連安葬之所也不得而知……，可說是在世界史留名的坎坷君王。然而，在近幾年的研究下，理查三世的名譽開始慢慢恢復，２０１２年發現了遺骨後，更為此風潮注入了一劑強心針。透過遺骨的重見天日，也讓我們意外得知理查三世的飲食生活。

分析了理查三世的肋骨後，發現他在１４８３年繼任英格蘭國王後，便開始攝取高蛋白飲食。據口耳相傳，理查三世會食用孔雀、天鵝、鯉魚，這些傳聞也經科學驗證得以被證實。此外，報告中更指出理查三世平均每天喝掉一瓶葡萄酒。出身貴族的理查三世飲食生活奢華其實不足為奇，相信在坐上英格蘭國王寶座後，更是享受著極為豪華奢侈的料理。或許，理查三世可能是位美食家呢！對歷史料理研究家而言，能夠一探中世紀貴族真實的飲食生活，以及理查三世不為人知的一面，真的可以說是天大的新聞呢！

那麼，理查三世還吃過哪些料理呢？就讓我們來一窺他生活的中世紀飲食文化吧！

「璀璨輝煌」的中世紀

理查三世

１４５２～１４８５年，原本擔任姪子愛德華五世的攝政，經政治奪權後，於１４８３年即位英格蘭國王。但２年後的１４８５年，便於博斯沃思戰役率兵征戰之際戰死沙場。遺骨目前埋葬於萊斯特大教堂。

中世紀又被稱為「黑暗時代」，總讓人有種晦暗的印象，但若提到貴族的宮廷料理，那印象可是南轅北轍，甚至可稱之為「璀璨輝煌」或「色彩繽紛」的時代。就讓我們來看看亨利四世（1367～1413年）登基儀式時上桌的料理吧！資料中記載了三套料理，共計43道的佳餚。這裡就引用其中一套料理所提到的菜色。

胡椒肉醬、國王喜愛的肉品、帶有獠牙的野豬頭、仿造大戰車、小天鵝、肥閹雞（經去勢的雌雞）、雉雞、蒼鷺、骨髓與水果卡士達餡塔、鱘魚、大型淡水金梭魚、裝飾點心

（《Fabulous Feasts: Medieval Cookery and Ceremony》※）

上述品項光是看名稱就讓人有種胃部不適的感覺，但另外仍有兩套相仿的料理，從此可知，登基儀式的餐桌是多麼地令人嘆為觀止。

文獻中雖然出現有你我較為陌生的「帶有獠牙的野豬頭」及「蒼鷺」，但與其說拿來食用，其實應該算是能在視覺上帶來享受的「珍奇料理」。孔雀及鶴同樣也在能充分展現其美麗姿態的前提下，以完整保留整體的狀態進行烘烤，再端上桌款待賓客。

在中世紀的宮廷料理中，城堡模型、聖女或騎士像等不能食用的物品竟也被做成菜

英格蘭歷史

1399年 蘭卡斯特王朝成立

1452年 理查三世誕生

1453年 百年戰爭結束

1455年 玫瑰戰爭進入白熱化階段，蘭卡斯特家族與約克家族展開權力爭霸

1461年 進入約克王朝，愛德華四世即位

1483年 理查三世即位

1485年 理查三世戰死於博斯沃思戰役，進入都鐸王朝時代

※編註：作者參考日文版書籍《中世の饗宴—ヨーロッパ中世と食の文化》

餚。文獻中提到的「仿造大戰車」也可稱之為「珍奇料理」。

貴族欣賞料理的同時，對顏色更是特別講究。甚至會將種植於宮廷庭院的花花草草作為增添料理色彩的色素。舉例來說，當時紅色會運用紫檀（紅木）、紫朱草，黃色則是番紅花、蒲公英，綠色會使用薄荷、西洋芹，藍色會使用天芥菜，紫色則會搭配紫花地丁，咖啡色或黑色則會以動物的血來顯色。

針對調味部分，我們已知當時會使用大量的調味料及香料。砂糖及胡椒等自海外進口的調味料或香料價格雖然非常昂貴，貴族們卻非常願意用其來凸顯自己的身分地位。這也使得中世紀的貴族們總是吃著調味相當極端的料理。其中，英格蘭人更是喜歡加入大量砂糖或肉桂的香甜料理。

中世紀宮廷料理的最大特徵為品項數量極多、誇張的視覺與色彩呈現，以及使用大量調味料。比起料理的味道，倒不如說更重視外觀及華麗與否。對貴族們而言，料理可說是用來彰顯自身財富及權力的工具。除了讓理查三世深陷其中的「玫瑰戰爭」外，宮廷內上演的政爭同樣日益擴大，想必在餐桌上也上演著一齣又一齣的權力爭奪戰吧！

國王喜愛的肉品

當時鹿肉被認為是最高級的肉品。據傳聞莎士比亞年輕時，還曾在自家附近的庭院盜鹿。此外，當時的料理書中，更提到了「讓牛肉的味道更接近鹿肉的方法」，可見當時的人們非常鍾情鹿肉。

封建制度與飲食的相關性

剛才與各位聊了許多與上流階級相關的飲食文化，接著要來看看平民百姓們的情況又是如何。

首先來看看農村。中世紀末期的英格蘭已是封建制度相當成熟的社會。農民們向領主租借土地，種植小麥或裸麥，並將部分收成作為稅金，繳交給領主。多餘的穀物則須繳至領主指定的窯爐，並支付金錢，製成麵包。更貧窮的人們則是將穀物烹煮為粥品，以取代加工成麵包。由於蔬菜無須上呈給領主，因此農民個人的菜園種植有高麗菜、胡蘿蔔、蕪菁等作物，成為重要的維生素來源。此外，對當時的老百姓而言，肉類、蛋類及乳製品都是很難有機會品嚐到的高級食材。

城市不同於自給自足的農村，以金錢購買餐點或食材變得理所當然。特別是倫敦這類國際化都市，不僅能看見各式各樣來自國外的食材，泰晤士河沿岸更林立著富豪專用的餐廳或24小時營業的輕食餐館。然而，貧困的人們則可在神職人員或富裕之人所建設的施療院※食用簡單的湯品及麵包。看來無論是農村或都市，當時的飲食文化同樣存在著嚴重的貧富差距。

※譯註：施療院，免費為貧民治療疾病所設立的一種慈善醫院。

接著也該來看看當時的料理了。1391年時，受國王理查二世（1367～1400年）之命，以宮廷主廚彙整的《The Forme of Cury》為首，發行了多本料理書籍。我從這些資料中選出了較容易重現的食譜，並改良成符合現代人的口味。

≈1≈ 中世紀風 杏仁飯

米在10世紀時被帶入歐洲，雖然立刻傳遍了伊比利半島，但傳入英格蘭及法國的時間卻相對較晚，要等到14～15世紀左右。前述的《The Forme of Cury》中，便有提到以米及杏仁烹煮而成的飯類料理。

取出杏仁並將其洗淨，與米混拌，加入紅酒用鍋子一同烹煮。於鍋中加入炒過的堅果類，並以辛香料、甜味調味料與鹽調味。裝盤後，以砂糖點心裝飾即可完成。

（《The Forme of Cury》）*

將杏仁簡單切塊，堅果類則使用核桃。由於紅酒風味強烈，與杏仁的搭配性稍嫌較

砂糖

砂糖於中世紀初期進口至歐洲。12～13世紀，在十字軍掠奪了中東的甘蔗田後，正式地開啟了砂糖的流通之路。鄂圖曼帝國佔領君士坦丁堡時，雖然中斷了流通之路，但同時間卻也於大西洋的馬德拉島發現甘蔗田，將技術人員送往馬德拉島後，重啟了砂糖的生產。據說在16世紀的英格蘭，1磅（0.45kg）的砂糖能購買240顆檸檬。

差，因此我改以白酒替代。為了讓料理更符合喜愛甜味的英格蘭貴族風味，我分別使用了肉桂及蜂蜜作為辛香料及甜味調味料。

從整體來看，將食材換成較清爽的種類後，即變成一道能享受到白飯與杏仁口感的樸素料理。最後再依個人喜好添加蜂蜜即大功告成。

≈2≈ 蘆筍沙拉

蘆筍是現代英國絕對少不了的料理。在歐洲，蘆筍自西元前便被視為是具利尿功效的藥草，到了中世紀，更被發現能使用於治療痛風，因此備受重視。

15世紀左右，英格蘭國內尚未開始種植蘆筍，因此平民老百姓們似乎也都不曾品嚐過蘆筍。端上宮廷餐桌上的是進口蘆筍。1470年於義大利出版的健康類型料理書《Platina's on Right Pleasure and Good Health》中，便提到下述食譜。

將蘆筍汆燙，或悶蒸使其變軟。裝盤後，輕柔地混合少量的鹽、醋、油、喜愛的調味料後淋上，便能立刻上桌。

***（《Platina's on Right Pleasure and Good Health》）**

由於杏仁容易加工，且方便保存，因此常被使用於各種料理。其中，以杏仁粉及砂糖麵團製成的砂糖點心・杏仁膏（Marzipan）更是大受歡迎，成為宮廷之人相當熟悉，且帶有視覺享受的料理。杏仁膏也曾出現在莎士比亞的《暴風雨》宴會場景中。

料理步驟雖然簡單，內容中提到的「喜愛的調味料」卻讓人相當頭疼。我原本想要強調符合中世紀風味的色調，因此試著製作能與淡綠色蘆筍成對比的「深綠色」醬汁，於是加入了薄荷、香芹，並於鍋中以木匙將食材壓碎，試著讓顏色呈現出來。但此舉卻讓食材的苦味及氣味過度強烈。對此，我放棄了重現顏色的想法，改選用橄欖油、紅酒醋、鹽，並加入少量當時貴族剛開始使用的胡椒。對於習慣大量辛香料的英格蘭貴族而言，調味或許稍嫌不足，但這裡主要還是將符合現代人的味覺習慣作為優先考量。只需5分鐘左右便能快速製作，各位不妨也試著搭配這個偏現代風的調味方法，品嚐看看當年貴族們喜愛的蘆筍口感吧。

≈ 3 ≈ Mawmeny（金黃色牛肉燉菜）

接著要來製作看看中世紀英格蘭風味牛肉燉菜。《The Forme of Cury》中是這樣記錄的。

番紅花

英格蘭自14世紀起，便於東部的艾塞克斯（Essex）等地種植番紅花。據說番紅花是前往中東的黎波里（Tripoli）的朝聖者，將番紅花的球莖藏在拐杖中帶回英格蘭的。

將牛肉細切，於鍋中同時加入杏仁奶、蛋黃、米粉、番紅花、鹽、肉桂、丁香等香料，以小火燉煮，待呈濃稠狀即完成。

（《The Forme of Cury》*）

「杏仁奶」是將杏仁去皮後磨成粉加水萃取，再經加熱後製成的奶狀物。雖然市面上也有販售杏仁奶，但考量市售商品添加了甜味劑及其他成分，因此不太建議各位使用。而自己親手製作的話，相當耗時費工。杏仁奶原本就是牛奶的替代食材，在重現料理時，我選擇改用市售牛奶。

番紅花及蛋黃會將湯汁染成金色，成為符合中世紀風格，視覺充滿華麗享受的料理。據說英格蘭人非常喜歡顏色為紅色及黃色的料理。

牛肉的油脂與精華融入湯中，成熟柔和的風味成了此湯品的特徵。若加入艾爾啤酒（Ale），將更能增加湯頭的濃郁表現。各位不妨將此湯品作為飲酒後的收尾料理。

≈4≈ 扁豆羊肉湯

宮廷不時會有來自國外的賓客造訪。據說英格蘭人為了迎接賓客，也會學習製作異國風料理。雖然並未留下正確的食譜，但根據傳至西班牙及德國等地的宮廷菜色，可以試著想像當時款待賓客的英格蘭風格料理風貌。在13世紀的安達魯西亞地區（現在的西班牙），留下了這樣的扁豆食譜。

清洗扁豆，將水、油、胡椒、芫荽及切碎的洋蔥放入鍋中，煮至沸騰。接著加入鹽、番紅花、醋、蛋液，加熱2～3分鐘。

（《Fadälat al-Jiwān fi tayyibāt al-ta'ām wa-l-alwān》*）

安達魯西亞長年受到伊斯蘭教統治，這裡更是當年基督教向回教展開的收復失土運動（Reconquista）過程中最重要的地區。由此可知此烹調法應該有受到中東或北非的影響。由於食譜中使用的食材較少，因此我與蕪菁料理混合搭配。15世紀的德國料理書則是有以下記載。

將蕪菁去皮切丁，以中火烹煮5～10分鐘。加入牛肉清湯與奶油，再以文火烹煮5分鐘即可完成。

（《Ein New Kochbuch》*）

我將這兩道食譜結合，並加入歐洲自古便會食用的山羊肉。為了帶出味道的深度，還添加雞高湯，以及肉桂這個英格蘭人最喜愛的香料。扁豆發揮了去腥效果，讓山羊肉變得美味，成了一道鮮味成分十足的湯品。各位不妨也來品嚐看看這道融合了基督教與回教風味的佳餚。

≈５≈ 徜徉黃芥末海的鱈魚

中世紀的人常吃魚。基督教徒斷食時雖然不能吃肉，但卻能吃魚。英格蘭的貴族們最常吃的就是**鱈魚**。而鱈魚在諸位君王們的食材列表中更是常見項目。

當時最受歡迎的鱈魚烹調法中，包含了白酒悶蒸法這種方法。１３９３年的法國料理書彙整出相當淺顯易懂的內容。

準備新鮮的鱈魚，簡單地以白酒及鹽烹煮入味，並佐以奶油或黃芥末醬料食用。

（《Le Ménagier de Paris》*）

如文句所示，料理步驟就是非常簡單地將鱈魚以白酒熱蒸。食譜中雖然沒有提到分

鱈魚

對英格蘭人而言，鱈魚是相當普遍的魚類。英格蘭同時也是「炸魚薯條」（Fish and Chips）的發祥地，這裡所提到的「Fish」就是指鱈魚。英格蘭海軍甚至會將鱈魚乾帶上船作為保存食品。

量多寡，但以中世紀料理的常識來看，一定添加有大量的調味料。因此我在這道料理中，挑戰嘗試使用大量芥末籽醬製作出美味醬料。

首先，準備1杯的芥末籽醬作為醬料基底。接著加入文獻中提到的奶油及鹽，並添加白麵包粉，增添醬料分量。

若再加入鱈魚湯汁，將能製作出辣中帶鮮，風味極具深度的醬料。

在裝盤時，可以先於大盤子中倒入醬料，接著再擺上鱈魚。另外也別忘了準備小盤子，讓品嚐者能自行調整醬料多寡。大量的芥末籽醬若能讓品嚐者為之驚艷，那這將更是一道成功的「珍奇料理」。

中世紀料理其實很美味

在開始調查中世紀料理時，接收了許多如「使用大量調味料」、「重視外觀」等，與味道沒什麼相關的資訊，這也讓我非常擔心料理的味道究竟如何。許多的研究書籍中更寫道「中世紀料理不符合現代人的口味」，前來「音食紀行」活動的出席者們，更曾不安地提出「中世紀的食物，而且還是英格蘭料理，真的會好吃嗎？」的疑問。

即便如此，只要一有機會，我都還是會強調「中世紀料理很美味！」，之所以會這麼做，是因為對於中世紀料理明明很美味，卻老是留給人們錯誤的印象感到可惜。實際上，只要以稍微降低調味料用量的方式製作，就能完成充滿甜味及鮮味，視覺上也富含效果的中世紀料理。這次重現的料理中，「中世紀風 杏仁飯」與「Mawmeny」皆屬此類料理。除了運用大量杏仁及蜂蜜外，更有著像是以番紅花或雞蛋作為「上色食材」等創意點子，使得開心做菜也成了中世紀料理的特徵。

此外，透過中世紀料理，我們也能在視覺及味覺上享受佳餚。或許當時的貴族們也是透過五感，盡情地享受「吃」這件事。而被認為可能是美食家的理查三世，說不定也是那貪欲貴族中的其中一人。

一日品嚐過就會上癮的中世紀料理。在舉辦活動時，不少出席者更表示「就正面評價來說，真的出乎意料」。我更相信，料理的香甜及視覺表現甚至也能取悅孩子們。希望各位務必與家人一同品嚐看看英格蘭的中世紀料理，試著去體驗生在至今500年前的貴族們對飲食的探索及玩味之心。

chapter.5

李奧納多·達文西的廚房

文藝復興時期的義大利
（16世紀）

達文西的沙拉、教宗御廚的調味料、
來自新大陸的食材、梅迪奇家族的甜點都將於本章登場。
就讓我們一同品嚐有益身體健康的文藝復興料理吧！

MENU

溫熱無花果沙拉

無花果的單純香甜在口中整個散開！
李奧納多·達文西也愛的養生食譜

材料 4人份

無花果乾 50g
蠶豆 200g
洋蔥 100g（½顆）
大蒜 1瓣
鼠尾草粉 ½小匙
迷迭香粉 ½小匙
羅勒粉 ½小匙
百里香粉 ½小匙
肉荳蔻粉 ¼小匙
義大利香芹 3枝
鹽 適量
胡椒 適量
橄欖油 適量

作法

1 將無花果乾、蠶豆、洋蔥切塊，大蒜及2枝義大利香芹切成碎末。

2 於平底鍋淋上一層橄欖油，放入1、鼠尾草粉、迷迭香粉、羅勒粉、百里香粉、肉荳蔻粉。

3 以偶爾攪拌的方式熱炒5分鐘。

4 加入鹽、胡椒調味，裝盤後，再撒上1枝分量的裝飾用義大利香芹。

point
也可改用羅勒或茴香作為裝飾用香草。亦可減少香草類，改添加黃芥末醬。

四季豆義式蔬菜湯

義大利蔬菜大集合！滋養滿分的湯品

材料 4人份

四季豆 50g
洋蔥 100g（½顆）
胡蘿蔔 100g（½條）
高麗菜 150g（⅛顆）
大蔥 200g（2根）
櫛瓜 300g（2條）
米粒麵 20g
大蒜 1瓣
羅勒 1枝
丁香 1根
迷迭香 2枝
義大利香芹 1枝
水 1.2ℓ
橄欖油 適量

作法

1. 細切四季豆、胡蘿蔔、高麗菜、大蔥、櫛瓜、羅勒、丁香、迷迭香、義大利香芹。
2. 於平底鍋淋上一層橄欖油，放入大蒜碎末及切塊的洋蔥，以中火熱炒1分鐘，直到出現香氣。
3. 於鍋中加水煮沸，放入1及2。接著再放入米粒麵，燉煮30分鐘後即可完成。

青豆飯（生火腿與青豌豆燉飯）

源自佛羅倫斯的美味米飯料理

材料　4人份

米 — 1又½杯
青豌豆 — 100g
生火腿 — 40g
洋蔥 — 100g（½顆）
奶油 — 30g
帕瑪森起司（粉狀） — 20g
鹽 — 適量
胡椒 — 適量
雞高湯 — 1ℓ
水 — 300mℓ

作法

1. 於大平底鍋中融化奶油，熱炒洋蔥5分鐘後，加入生火腿，以混拌的方式再熱炒2分鐘。
2. 加入米及青豌豆後，熱炒2分鐘，接著倒入雞高湯與水。
3. 煮沸時轉為小火，無需上蓋，以偶爾攪拌的方式，再燉煮25分鐘左右。
4. 加入鹽及胡椒調味後，即可裝盤。最後再於其他容器中磨點帕瑪森起司。

教宗風味嫩煎雞肉

用文藝復興的萬能調味料調味！

材料 4人份

雞腿肉 — 400g
砂糖 — ½小匙
薑粉 — ½小匙
肉荳蔻粉 — ½小匙
肉桂粉 — ½小匙
丁香 — 2根
迷迭香 — 1枝
檸檬 — 40g（½顆）
橄欖油 — 50mℓ
生菜沙拉 — 80g
鹽 — 適量
胡椒 — 適量

作法

1. 將整塊雞腿肉抹上檸檬，以鹽及胡椒調味並靜置10分鐘。
2. 於大平底鍋中加熱橄欖油，放入雞肉、砂糖、薑粉、肉荳蔻粉、肉桂粉、磨碎的丁香，並不斷翻炒約30分鐘，直到呈現金黃色。
3. 取出雞肉，切成一口大小。於容器鋪上生菜沙拉，並擺上雞肉。接著淋上平底鍋中剩餘的湯汁，裝飾迷迭香後，便大功告成。

point
於1小時前先將雞肉從冰箱冷藏空間拿出，就能加快烹調雞肉的速度。

Sorbet de arancia

(柳橙雪酪)

梅迪奇家口感清爽酸甜的至寶

材料 4人份

柳橙＝2顆
柳橙汁＝300mℓ
檸檬汁＝50mℓ
蛋白＝1顆份
砂糖＝1大匙
肉桂粉＝2大匙
薑粉＝2小匙
肉荳蔻粉＝2小匙
薄荷＝適量

作法

1 將柳橙削皮，壓榨果肉，取出果汁。

2 於鍋中放入1、柳橙汁、檸檬汁、砂糖、肉桂粉、薑粉、肉荳蔻粉及打成霜狀的蛋白後，加熱煮沸。

3 轉小火，以小火邊攪拌邊加熱5分鐘，直到砂糖融化。

4 將料理盆及濾網重疊，並倒入3，將過濾後的液體置於冰箱冷藏1小時。

5 濾網中的殘渣以攪拌機調理後，置於冰箱冷藏1小時。

6 將4及5放入料理盤，並置於冰箱冷凍直到凝固。

7 凝固後便可裝盤，並以薄荷做裝飾。

chapter.5

李奧納多・達文西的廚房

文藝復興時期的義大利（16世紀）

達文西的家計簿

14～16世紀期間，歐洲各地興起了復興希臘・羅馬文化的運動，並產出了許多傑出的藝術作品，也就是所謂的文藝復興。**李奧納多・達文西**（Leonardo da Vinci）更是文藝復興盛期相當具代表性的藝術家。達文西雖以《蒙娜麗莎》及《最後的晚餐》畫作聞名，但他其實也兼具雕刻師、建築師、科學家等身分，是位能於不同領域發揮所長的人物。這樣的達文西究竟都吃些什麼樣的料理呢？

據說達文西是位「筆記魔人」，無論是對作品的想法，還是當天購買的食材，全部都會書寫記錄下來，其中更留有許多可稱為「家計簿」的手稿。讓我們來看看51歲的達文西在1503年4月8日留下的筆記。其中的索魯度（Soldo）與達克特

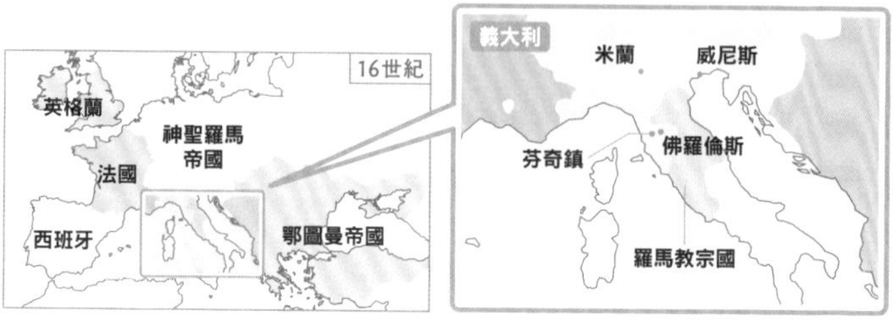

（Ducat）是當時的貨幣單位。

葡萄酒 9索魯度4達克特／麵包 6索魯度4達克特／肉 4索魯度／黑莓果實 2索魯度4達克特／沙拉菜葉 3索魯度4達克特／水果 1索魯度／蠟燭 3索魯度／山鶉 1索魯度／小麥粉 2索魯度

（《李奧納多・達文西的餐桌》※）

從「家計簿」中，我們能窺見達文西的生活，並得知他會將肉品與葡萄酒兩者一同搭配購買。雖然傳聞達文西是位素食主義者，但看起來他並非只吃蔬菜。對於想要重現達文西飲食內容的我而言，如此一來就能讓料理表現更為多元，實在是相當令人愉快的發現。

在飲食上的復興與節制

對藝術、音樂、思想帶來影響的文藝復興同樣影響了飲食範疇。當時各城市的君主宅邸會舉辦宴會（Banquet），與中世紀的王公貴族一樣，君主們皆相當喜愛盛大奢華的場面。而更符合貴族地位、更美、更讓人耳目一新的料理似

※編註：作者參考日文著作《レオナルド・デ・ヴィンチの食卓》

李奧納多・達文西

1452～1519年。出生於芬奇鎮。受到佛羅倫斯、米蘭、法國等地的貴族或資助者庇護，甚至以自由身分，持續進行繪畫及雕刻等創作的「萬能之人」。達文西在飲食方面也有多項發明，包含設計了碾碎橄欖果實的設備、烤肉機等。

乎也被端了上桌。其中最具代表性的，就屬以文藝復興重鎮・佛羅倫斯為發展地的梅迪奇家族（Medici）。梅迪奇家族不僅會讓動物以站立的狀態進行烘烤，更曾讓活生生的小鳥從餡餅中飛出，可說讓料理充滿娛樂性質。

即便文藝復興時期的宮廷料理在追求美食及奢華視覺表現上更為之瘋狂，但我們也不可忽略，當時已形成了「節制」的觀念。人文主義者**普拉提納**（Platina）便是此觀念的「領頭羊」。普拉提納於１４７０年代發表的料理書《Platina's on Right Pleasure and Good Health》更為其後的文藝復興料理帶來新潮流。

普拉提納藉由自己的著作，將一位活躍於15世紀後半的羅馬、名為馬堤諾（Martino）的宮廷料理人所創作的食譜發揚光大。著作中的食譜運用素材本身的風味，呈現方式簡樸，與中世紀料理的風格大相逕庭。原本被大量用來象徵財富及權力的辛香料用量更是控制到最少。辛香料本為藥之替代品，因此若要期待藥物效果，少量亦十分足夠。至此之後，以義大利為中心的整個歐洲都開始減少辛香料的使用。

不僅如此，普拉提納對餐點的準備及用餐方法等看法，更啟蒙了日後的餐桌禮儀。普拉提納倡導人們使用白色的桌巾及餐巾紙、刀具及餐具要充分洗淨以保持整潔。此外，普拉提納更建議，要先從對胃部溫和的食物開始吃起，並多花點時間咀嚼，以幫助消化。在整潔的環境下，以對胃部不造成負擔的方式用餐——對現代人而言，這

義大利歷史

1434年	梅迪奇家族掌控佛羅倫斯
1452年	李奧納多・達文西誕生
1470年代	普拉提納發表《Platina's on Right Pleasure and Good Health》
1492年	哥倫布發現美洲大陸
1494年	義大利戰爭白熱化
1506年	達文西完成《蒙娜麗莎》
1519年	達文西過世
1533年	凱薩琳・德・梅迪奇與法國王子Henri de Valois結婚※

※譯註：也就是日後的亨利二世

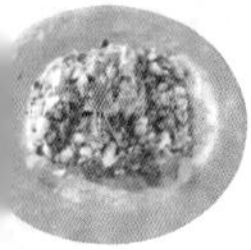

樣的內容非常理所當然，但對當時的貴族來說，卻是相當新奇的建言。

達文西也拜讀了普拉提納的著作，因而健康觀深受普拉提納影響，我們在達文西留下的筆記中，甚至發現了這樣的訓誡內容。

想要健康，就必須遵守下述養生法／沒食慾時，就別進食，若要進食，則須少量／只要是吃進嘴裡的東西，隨時牢記要充分咀嚼／選擇清淡的食材，並充分烹煮熟透。

（《Da Vinci's kitchen : a secret history of Italian cuisine》※）

順帶一提，梅迪奇家族的不少成員們皆死於被稱為奢侈病的痛風。達文西在面對君主們無法記取前車之鑑，仍大肆舉辦奢華宴會的情況下，真不知心中作何感想？或許，達文西就是以這些貴族們為戒，體認到節制的飲食生活是多麼重要。

大家都是「食菜者」

文藝復興時期的貴族們大啖羊肉、羔羊肉、牛肉等肉類，蔬菜部分更只吃蘆筍及朝

※編註：作者參考日文版書籍《ルネサンス 料理の饗宴～ダ・ヴィンチの厨房から》

普拉提納

1421～1481年。本名為Bartolomeo Sacchi。擔任過家庭教師及教宗秘書，並被任命為第一任的梵諦岡圖書館館長。著作《Platina's on Right Pleasure and Good Health》以拉丁文撰寫而成，讀者對象為當時上流階級的貴族及宮廷料理人。

鮮薊等稀有珍貴的蔬菜。此外，貴族們還相當鄙視吃菜的農民，將其稱為「食菜者」。支配者吃肉、受支配者吃菜，此般階級制度似乎同樣出現於餐桌上，這也難怪君主們會吃壞身體。

普拉提納與馬提諾跳脫了階級意識，他們非常關注農民們以蔬菜為中心的飲食文化。其他受到文藝復興影響的人們同樣開始重新審視古希臘及古羅馬文化，發現先祖們食用大量蔬菜，作為養生飲食。或許是位居梵諦岡圖書館館長要職的普拉提納發言特別有分量，貴族們也開始慢慢地接納蔬菜。其中，最快流傳開來的蔬菜料理是義式蔬菜湯（Minestrone），相信這道湯品在當時也被評價為富含營養成分的料理吧！

在那之後，義大利便開始不分階級，從上到下養成了「吃蔬菜」的習慣。最終，原本用來指農民的「食菜者」一詞，也變化成意指義大利人的用語。

吃對身體好的東西，健康地生活。在飲食文化中，似乎也能看見文藝復興時期尊重人類主體性的思想。接著就讓我們來看看以達文西為首的文藝復興時期人們所吃的料理。

溫暖的義大利屬於地中海型氣候，能種植許多蔬菜。文藝復興時期常見的蔬菜有高麗菜、蔥、菠菜、萵苣、洋蔥、大蒜、豆類。在十字軍的影響下，茄子與哈密瓜等來自阿拉伯世界的蔬果也逐漸普及。

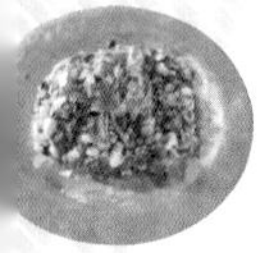

≈1≈ 溫熱無花果沙拉

這是普拉提納於《Platina's on Right Pleasure and Good Health》中撰寫，使用無花果及豆子的料理。此書也是達文西擁有的唯一一本料理書籍。達文西究竟是怎麼烹調的呢？普拉提納的食譜是這麼寫的。

於已經倒油加熱的平底鍋中放入蠶豆，並加入洋蔥、無花果、鼠尾草，以及庭院中喜愛的香草後拌炒。以厚板或圓形板做出蛋糕形狀後，撒上辛香料。

＊（《Platina's on Right Pleasure and Good Health》）

無花果自古便深受義大利農民喜愛，達文西更是情有獨鍾。重現此道料理時，我使用的是無花果乾。

對達文西而言，蠶豆也是相當常見的食材。在「家計簿」中，更留有許多購買豆類的紀錄。達文西出生於托斯卡納（Toscana）地區，該區的豆類消費量驚人，因此托斯卡納人又被稱為「食豆者」（Mangia fagioli）。

將無花果乾加熱後，能讓味道變得極甜。我直接將蠶豆熱炒，但或許是因為顆粒過大的關係，使得蠶豆無法與無花果或其他蔬菜結合，因此我又試著將蠶豆切塊。蠶豆的紫實風味壓制住無花果的甜，讓整道料理極為協調。

≈2≈ 四季豆義式蔬菜湯

簡單的義式蔬菜湯同樣也是達文西喜愛的料理。在重現這道料理時，我選用了當時剛開始出現於義大利的四季豆。四季豆雖然是大航海時代從美洲新大陸傳來的食材，但由於與蠶豆極為相似，因此很快地就被接納。達文西的「家計簿」中也曾出現購買四季豆的紀錄。

另外，我也試著加入農民餐桌上不可或缺的洋蔥、胡蘿蔔、高麗菜、大蔥。甚至添加了能視為義式料理代名詞的義大利麵。義大利麵的歷史悠久，早在古羅馬時代以前，便已存在義大利麵的原型。為了與其他蔬菜的大小作搭配，這次我選用了米粒麵(Risoni)。

既然是農民的日常餐點，當然就不能使用鹽、胡椒及辛香料等高級品。這也讓蔬菜的風味相互融合，成了一道能解宿醉的養生湯品。

由於番茄的顏色鮮豔，因此在傳入歐洲時，一直被定義為觀賞用植物，與食物完全沾不上邊。直到17世紀末，拿坡里的廚師想出了番茄醬的食譜後，番茄才開始出現於高級料理中。

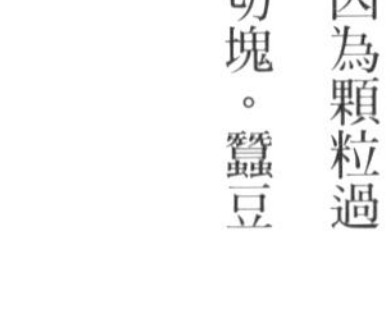

≈3≈ 青豆飯（生火腿與青豌豆燉飯）

青豆飯（義大利文：Risi・e・Bisi）來自波河所在的威內托地區（Veneto），是歷史相當悠久的米飯料理。波河流域是歐洲相當具代表性的稻作區域。

1499年，正值第二次義大利戰爭之際，達文西於威尼斯擔任軍事技術人員。達文西當時的手稿中，甚至留有為了於波河流域種植稻米的水路設計圖。由於達文西留在威尼斯的時間約為1年，相信他一定也有機會接觸到米飯料理。

將洋蔥、生火腿、青豌豆與米快速拌炒，加入雞高湯與水加熱。當水量減少時，便可裝盤，接著撒上帕瑪森起司，即大功告成。

米飯與青豌豆及生火腿的搭配性絕佳，在活動中可是人氣料理之一。增加水量，做成飯湯也相當美味。

≈4≈ 教宗風味嫩煎雞肉

巴托洛梅歐・斯卡皮（Bartolomeo Scappi，1500～1577年）是羅馬教

宗庇護四世（Pope Pius IV）及庇護五世（Pope Pius V）的御廚。他所著作的《The Opera of Bartolomeo Scappi》中，便提到如何調配出文藝復興風味的「萬能調味料」。

經驗告訴我，所謂的辛香料—就是要新鮮，採收後不超過一年的辛香料—更是具備香氣，能襯托出料理的風味。與調味料混合備用，就能運用在各式各樣的料理中。若要調成總計1磅的調味料，則需準備下述分量的材料。

肉桂4又½盎司、丁香2盎司、生薑1盎司、肉荳蔻1盎司、天堂椒（Aframomum melegueta）½盎司、番紅花¼盎司、砂糖1盎司

（*《The Opera of Bartolomeo Scappi》）

只要將這些材料混合後裝瓶，就能完成文藝復興風味的萬能調味料。也可不添加番紅花及天堂椒。

由羅馬教宗統轄的翁布里亞省（Umbria）以雞肉料理聞名。當時會將雞肉以斯卡皮直傳的調味料進行入味再予以拌炒。由於口味屬文藝復興時期人們所喜愛的甜味，因此我選擇以迷迭香及檸檬來讓味道表現更加立體。各位不妨體驗看看這款或許連羅馬教宗都會想嘗試的味道。

≈5≈ Sorbet de arancia（柳橙雪酪）

文藝復興時期在義大利形成的料理文化於16世紀前半也傳入了法國。其中最關鍵的人物就是梅迪奇家族的千金，也就是日後成為法國王后的**凱薩琳・德・梅迪奇**（義大利文為Caterina de' Medici）。

出生於達文西死後15天的凱薩琳在14歲時嫁入法國皇室。梅迪奇家族的廚師與侍者也隨著凱薩琳的出嫁一同前往法國，因此對法國宮廷的飲食文化帶來深遠影響。其中，種類多元的甜點更深深吸引宮廷人士的目光。

凱薩琳喜愛的甜點中，有一道是來自義大利文「Sorbetto」的雪酪（Sherbet）。王后御用的點心師傅們為了結婚典禮，製作了帶有香氣的冰品。雖然並未留下真正的食譜，但我仍試著想像由梅迪奇家族御用點心師傅所製作，充滿文藝復興氣息的冰沙。

我選擇以柳橙汁及磨出的柳橙皮末為基底，並使用具當時雪酪風味的檸檬汁、增添香氣的肉桂粉和薑粉作為提味。辛香料則延續文藝復興風格，選擇減少用量。

雪酪雖然已是現代夏季必備的甜點，但對當時的人而言，可是只有少數超級VIP

凱薩琳・德・梅迪奇

1519～1589年。凱薩琳因夫婿亨利二世意外身亡，在年幼的查理九世即位同時，便以母后之姿攝政。凱薩琳更資助活動，成為法國興起文藝復興風潮的關鍵人物。

貴族才能吃到的點心。各位就來一同品嚐看看連天才達文西都沒機會大飽口福的宮廷甜點。

天才的能量來源

文藝復興時期的義大利料理發揮了食材本身的風味，可說是既簡單又充滿力量的料理。然而，讓我感到最驚豔的是，不同於使用大量辛香料的中世紀料理，即便依照食譜烹調，文藝復興時期的義大利料也能是道美味佳餚。

達文西相當重視粗茶淡飯，但這裡所說的粗茶淡飯並非指缺乏營養成分的粗糙飲食，而是普拉提納及馬堤諾所提倡，以蔬菜為主的均衡飲食。達文西過世時雖為67歲，但對當時的人而言已相當長壽。不僅如此，達文西一生並無固定居所，對創作及研究的熱情更是不斷持續到晚年。為何達文西能如此般充滿能量？雖然原因眾說紛紜，但我個人認為，他的原動力或許是來自於文中提到的「文藝復興料理」。

對於像你我這些總是與時間賽跑的現代人而言，使用新鮮食材，能在短時間內烹調完成，而且還相當健康的文藝復興料理可說是再適合不過了。敬請各位品嚐看看，連這位文藝復興時期的天才也吃到讚不絕口的逸品佳餚。

米蘭風味柳橙汁

1530年左右的米蘭大主教晚宴上，出現了「全柳橙」套餐料理。舉例來說，有酥炸柳橙魚子醬、柳橙佐牡蠣、油炸柳橙餡餅等。我試著創作了能配合當天套餐料理，且充滿文藝復興風的柳橙汁。

【材料】

柳橙汁……200㎖
肉桂……1小匙
砂糖……1小匙
胡椒……½小匙
檸檬汁……2大匙

chapter.6

瑪麗·安東妮的日常生活

法國·波旁王朝
(18世紀)

高湯與醬汁的問世是另一場革命。
就讓我們以比目魚、牛肉、番茄製成的優雅宮廷料理，
徹底成為凡爾賽宮的一員吧！

MENU

白醬佐比目魚

比目魚、牛奶、高湯三重奏！
法國王室巔峰時期的主餐

材料 4人份

比目魚＝200g（4塊魚片）
切塊番茄＝400g（1罐）
洋蔥＝200g（1顆）
芹菜＝100g（1支）
香芹＝5g
白酒＝50mℓ
牛奶＝50mℓ
奶油＝80g
低筋麵粉＝適量
鹽＝適量
胡椒＝適量
魚高湯
- 白身魚（比目魚亦可）＝50g
- 洋蔥＝15g
- 芹菜＝20g（1/5支）
- 水＝500mℓ
- 奶油＝10g
- 月桂葉＝1片
- 百里香＝適量
- 胡椒＝適量

2

作法

1 將洋蔥、芹菜切成2～3mm寬。

2 於平底鍋中融化奶油，放入切塊番茄、一半1的洋蔥、芹菜，並於其上擺放比目魚，並撒上切成碎末的香芹莖。

3 加入魚高湯及白酒，蓋上蓋子並以小火烹煮。當比目魚肉色變白時，即可先將比目魚裝盤。

4 於平底鍋倒入牛奶，沸騰後轉為小火，並加入奶油、1之中剩下一半的洋蔥、芹菜並攪拌混合。

5 待出現濃稠感時，再以鹽、胡椒調味，並將蔬菜裝盤。

6 將剩下的湯汁作為白醬淋於盤中，撒上切成細末的芹菜葉即完成。

魚高湯的作法

1 於鍋中倒水，放入白身魚燉煮。

2 於平底鍋抹上一層奶油，放入洋蔥、芹菜拌炒。

3 於鍋中加入2、月桂葉、百里香、胡椒，並烹煮1小時，直到湯汁收乾剩半。

香瓦隆式燉豬肉馬鈴薯

結合來自新大陸蔬菜的宮廷食譜

材料 4人份

厚切豬里肌肉＝480g（4塊）
馬鈴薯＝600g（4顆）
洋蔥＝200g（1顆）
鹽、胡椒＝適量
沙拉油＝適量
百里香＝適量
月桂葉＝2～3片
奶油＝適量
大蒜＝1瓣
法式雞高湯
- 雞高湯＝½杯
- 胡蘿蔔＝50g（¼條）
- 洋蔥＝100g（½顆）
- 大蔥＝100g（1根）
- 芹菜＝100g（1支）
- 大蒜＝2瓣
- 丁香＝適量
- 香草束＝1袋
- 水＝1ℓ

作法

1 製作法式雞高湯。
於鍋中倒入水，加入材料後，以小火燉煮1小時，直到水分收乾剩半。

2 於平底鍋將沙拉油加熱，並將以鹽、胡椒調味過的豬里肌肉熱煎。待兩面煎熟時，移至焗烤盤中。

3 將2的平底鍋油分擦掉，接著融化奶油。
放入切成薄片的洋蔥及切丁的胡蘿蔔，
以鹽及胡椒調味並拌炒。

4 當洋蔥呈淡咖啡色時，即可移至鍋中，
並加入雞高湯。

5 切掉馬鈴薯的頭尾，削皮塑形成形狀漂亮的
圓柱形後，切成5mm寬的片狀，放入鍋中，
以鹽及胡椒調味，並以中火烹煮。

6 當馬鈴薯稍微有點熟後，即可擺在2的里肌肉上。
接著加入百里香、月桂葉，於2～3處剝撒奶油。

7 以200℃的烤爐烘烤1小時即可完成。

材料　4人份

牛肉＝200g
高麗菜＝500g（½顆）
切塊番茄＝400g（1罐）
洋蔥＝200g（1顆）
水＝100mℓ
紅酒＝50mℓ
橄欖油＝50mℓ
百里香＝適量
月桂葉＝1片
大蒜＝1瓣
鹽、胡椒＝適量
起司粉＝依喜好
犢牛高湯
- 牛筋肉＝50g
- 牛小腿肉＝50g
- 洋蔥＝200g（1顆）
- 胡蘿蔔＝50g（¼條）
- 芹菜＝100g（1支）
- 大蒜＝2瓣
- 番茄糊＝50g
- 百里香＝1片
- 月桂葉＝1片
- 胡椒＝適量
- 水＝2ℓ

作法

1. 將高麗菜切成塊狀，胡蘿蔔切成粗丁，牛肉切成一口大小，洋蔥則切成1cm左右的片狀。
2. 於鍋中加入橄欖油、百里香、月桂葉、大蒜後加熱。
3. 放入以鹽、胡椒調味的牛肉及洋蔥拌炒。
4. 拌炒2～3分鐘後，加入犢牛高湯、水、切塊番茄、高麗菜、紅酒，以中火加熱。
5. 沸騰後，蓋上蓋子並轉為小火，烹煮30分鐘。
6. 湯汁收乾後即大功告成，可依個人喜好添加起司粉。

犢牛高湯作法

1. 於鍋中加入水、切塊洋蔥、胡蘿蔔、芹菜、大蒜，與其他材料一同燉煮。
2. 燉煮1小時，使湯汁收乾剩半。

番茄燉牛肉高麗菜

瑪麗王后的晚宴菜色

醃漬鮪魚

非常適合齋戒日的魚料理

材料 4人份

鮪魚＝150g
大蔥＝50g（½根）
小黃瓜＝50g（½條）
芹菜＝50g（½支）
醃漬醬汁
- 橄欖油＝50mℓ
- 魚露＝20mℓ
- 鹽＝5g
- 砂糖＝10g
- 檸檬＝1片
- 大蒜＝1瓣

作法

1. 製作醃漬醬汁。於料理盆中加入橄欖油、魚露、鹽、砂糖、現榨檸檬汁、大蒜泥並充分混合。
2. 將鮪魚切成骰子大小，大蔥、小黃瓜及芹菜則輪切，浸水冰鎮10分鐘後，將水分吸乾。
3. 將1及2混合，置於冰箱冷藏30分鐘。
4. 品嚐前從冰箱取出，裝盤後即可上桌。

point

魚露可使用泰式魚露（nam pla）、秋田鹽魚汁（しょっつる）或石川縣的奧能登魚露（いしる）來替代。

科梅爾西風味 瑪德蓮

清爽檸檬口感的18世紀風味

材料 6個×2次的分量

杏仁粉＝30g
糖粉＝4大匙
低筋麵粉＝35g
鹽＝1g
蛋白＝90g
奶油（無鹽）＝100g
香草莢＝少許
檸檬＝25g（¼顆）

作法

1 於瑪德蓮的模型抹層奶油，並將烤爐預熱。

2 於料理盆中放入杏仁粉、糖粉、低筋麵粉、鹽，以及蛋白霜、從豆莢取出的香草籽、磨碎的檸檬皮及檸檬汁，並予以攪拌。

3 將2放入模型中，以200℃的烤爐烘烤20分鐘即可完成。

point
若以細砂糖取代糖粉、香草精取代香草籽製作，將會讓瑪德蓮更有現代風味。各位不妨也品嚐看看與當時不同的風味。

chapter.6

瑪麗・安東妮的日常生活

法國・波旁王朝（18世紀）

充滿謎團的王后飲食

18世紀，法國的宮廷文化已過了巔峰時期，甚至出現衰退趨勢。即便如此，卻還有一位能視為華麗宮廷文化象徵，一生充滿戲劇性的人物，那就是波旁王朝的**瑪麗・安東妮**（Marie Antoinette）王后。

「既然沒麵包吃，為什麼不吃蛋糕呢？」雖然被認為是瑪麗王后的名言，目前已知這是小報流出的假新聞。但據說瑪麗王后本身真的非常喜愛點心，甚至會向家鄉奧地利要求送來點心享用。

然而，其實我們並不知道，除了點心外，瑪麗・安東妮還喜歡吃些什麼東西？瑪麗王后在眾臣面前只會作勢品嚐，實際上並沒有真的用餐。在自己的結婚典禮上，也幾

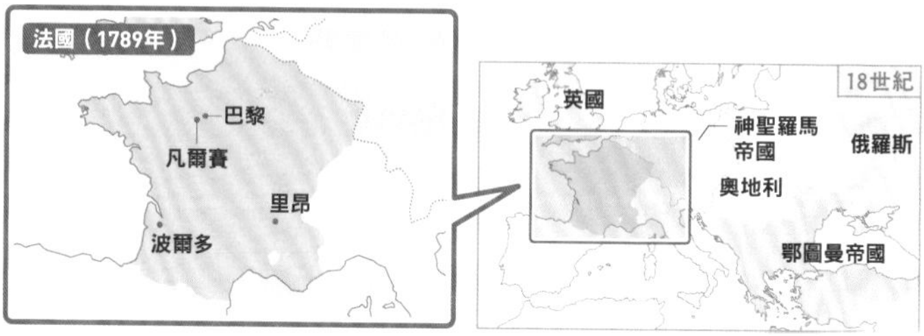

乎未碰料理，在場的賓客反而是對瑪麗的丈夫，路易十六（1754～1793年）那完全沉浸在料理中，吃到渾然忘我的模樣大感震驚。關於瑪麗・安東妮的飲食趣聞不多，或許也是因為她身邊有位大胃王丈夫吧！

想要知道瑪麗・安東妮私下的飲食生活，線索就在位於凡爾賽宮的小特里亞農宮（Petit Trianon）。由於瑪麗王后對於王室規矩及與人接觸感到疲累，因此幾乎都在這處由路易十六送給她的宮殿內度過。據說瑪麗王后只邀請自己喜歡的人前來宮中，舉辦茶會或餐會。

文獻中留下了於小特里亞農宮所舉辦的晚宴紀錄。在瑪麗王后的晚宴中，端出了超過50道以上的料理供賓客享用。晚宴中的料理內容我稍後介紹，首先，先讓我們一同看看，凡爾賽的國王及王后究竟過著怎樣的飲食生活，以及法國的宮廷料理又是如何發展？

波旁王朝的料理政策

18～19世紀期間的法國可說是歐洲料理文化的領頭羊。波旁王朝大打文化政策，將巴黎的沙龍文化、啟蒙思想及新風俗推向海外，當中的新風俗更包含了宮廷的飲食文

瑪麗・安東妮

1755～1793年。神聖羅馬皇帝法蘭茲一世（Francis I）與瑪麗亞・特蕾莎（Maria Theresia）的第十一位女兒。受到醜聞及揮霍個性影響，使王室權威聲望崩毀。法國大革命後，瑪麗王后更因被懷疑與奧地利共謀而遭處死。

化。手藝好的廚師被賦予嶄露頭角及功成名就的機會，使法國料理文化急速成熟發展。

料理被定位是波旁王朝國家等級的政策，與中世紀貴族透過料理來宣揚個人的富貴及權威相比，波旁王朝的料理規模之大，更是令人驚奇無比。

位於巴黎市郊的凡爾賽宮每天都會舉辦晚宴。當時的套餐料理包含了湯品、開胃菜（Entrée，肉類或魚貝料理）、燒烤料理（Roti，燒烤的肉類料理）、蔬菜料理（Entremets）及甜點。與中世紀套餐料理相比，分類與品項數量雖然增加，但每道料理的分量卻相對減少，變成盤多量少的料理。呈現方式也更接近現在的法國料理。

接著我要介紹凡爾賽宮某日的晚宴餐點。其中包含了肉類冷湯、洋蔥湯、青椒醬佐羊肉、salmis風味小魚、串燒嫩雞、薄切牛沙朗肉、雉雞肉醬、杏仁蛋糕、香焙咖啡奶油……。每道料理除了帶有過去宮廷料理的活潑元素外，更賦予人纖細的印象。不難理解，為何法國料理總是備受他國美食家的憧憬與敬仰。

遍嘗料理的王公貴族們

那麼，身處宮廷金字塔頂端的君王們又是過著怎樣的飲食生活呢？

法國歷史

1589年	波旁王朝成立
1643年	路易十四即位
1715年	路易十五即位
1755年	瑪麗・安東妮誕生
1770年	路易十六與瑪麗・安東妮締結連理
1774年	路易十六即位
1789年	法國大革命
1792年	廢除封建體制，開始共和政治
1793年	路易十六與瑪麗・安東妮遭處刑

有著「太陽王」稱號的路易十四（1638～1715年）可是相當會吃的大胃王。雷蒙・奧利佛（Raymond Oliver）的著作《The French Table》提到，某一天，當路易十四吃完了晚餐所有的料理後，竟然還陸續加點了2隻雞、9隻鴿、1尾蝦蛄、6隻嫩雞、4kg犢牛肉、3隻嫩雞、1隻雉雞等，這可是連現代大胃王都甘拜下風的分量。此外，即使當時已形成使用**餐具**及講究餐桌禮儀的文化，但傳聞路易十四仍改不掉直接用手抓取食物進食的習慣。

路易十五（1710～1774年）雖是路易十四的曾孫，性格卻與曾祖父截然不同，以優雅的進餐方式聞名。據說路易十五非常會用叉子剝東西，甚至無需直接用手就能吃掉半熟蛋。此外，路易十五之妻瑪莉・蕾緹絲卡（Maria Leszczy ska）相傳個性非常豪爽，甚至留下了像是吃太多冰冷的無花果及哈密，或一口氣吞下15打**牡蠣**而讓自己痛不欲生等令人哭笑不得的趣聞。

從路易十六在婚禮上的趣聞便能略知他對食物的執著。除此之外，他還會隨身攜帶麵包、拼命地涮豬小腿肉，與其說是位美食家，反而是對於吃這件事充滿執念。不僅如此，更有個與法國大革命有關的坊間傳聞。據說在革命結束後的1791年，路易十六企圖帶著瑪麗王后與孩子們逃出巴黎，但協助逃脫者所呈供的食糧卻無法滿足路易十六，路易十六還表示想在昔日家臣家中用餐。據說就是因為路易十六的任性，

餐具

中世紀時，盤子、玻璃杯及湯匙等餐具雖為共用，但約莫自16世紀起，便開始出現個人用餐具。叉子普及的時間較晚，法國要等到16世紀才出現叉子，但由於叉子本身帶有凶器的印象，因此一直無法順利普及。法國大革命後，保住性命的貴族們為了強調自己與平民間的差異，於是開始使用叉子，嚮往貴族生活的平民們也隨之模仿，加速了叉子的普及。

浪費了逃脫的時間，使得一家上下最後仍遭逮捕。

就像這樣，凡爾賽聚集了許多為吃而死也在所不惜的美食家及大胃王。相信廚師們做起料理時一定特別有成就感吧！就在王公貴族們的期待下，法國的宮廷料理也更加地講究。

調味革命

18世紀的法國宮廷料理究竟在哪些部分與其他時代或區域存在差異呢？最具象徵性的差異就屬調味方法。

由於中世紀歐洲的辛香料十分稀有昂貴，因此使用辛香料被視為彰顯權力。法國雖然歷經過相同時期，但進入瑪麗王后的時代後，辛香料供給趨向穩定，價格也比過去低廉。這也使得使用辛香料的目的從彰顯權力轉變為調整味道。到了這個階段，法國也終於和希臘、羅馬一樣，開始將調味作為使用香草及香料的主要目的。這也讓過去不曾有過、既複雜又有深度的調味手法隨之問世。

具體而言，醬汁出現了非常顯著的進化。過去雖然會使用像是濃湯（potage）之類的湯品，但之後便開始出現另外烹調醬汁的情況。這個時期的醬汁包含了美乃滋

牡蠣

從中世紀起，法國就非常喜愛帶殼牡蠣。雖然多半會直接生吃品嚐，但17世紀的料理書中，也提到了「搭配奶油及胡椒以炭火烘烤」、「與奶油、辛香料、葡萄乾一起煮，大約半熟時，再加入洋蔥、番紅花」等烹調方法，看來料理方式也相當多元。

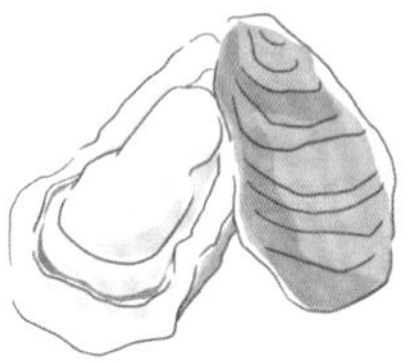

醬、白醬、肉醬等等。用來製作醬汁基底的「高湯」（fond）原型也是這時問世。烹煮犢牛製成的「犢牛高湯」（fond de veau）或從魚貝類萃取味道的「魚高湯」（fumet de poisson）皆歸類於此。這也讓纖細風味的料理文化隨之形成，並塑造出法國高級料理「Grande cuisine」一詞的精髓。

在「調味革命」的帶動下，17~18世紀的法國料理變得相當多元。舉例來說，刊載於17世紀法國料理書中的菜餚約為６００道，但到了18世紀，竟增加至２０００道以上。菜色會變得如此多元，其實也與大航海時代中，冒險者們從外地帶回的蔬菜逐漸普及有著極大的關聯性。接著，就讓我們試著重現瑪麗王后與諸王們品嚐過的宮廷料理吧。

≈1≈ 白醬佐比目魚

雖然波旁王朝的君王們幾乎每天都會舉辦晚宴，但他們也是天主教徒。因此在狂歡節40天前至前一天的「四旬節」期間，不可舉辦宴會，亦不得吃肉。

但在波旁王朝的王公貴族中，路易十四卻有些與眾不同。他雖然不至於在四旬節期間違反戒律進食肉類，但卻會吃下分量相當驚人的魚貝類料理。關於他某一天的晚餐記錄是這麼寫的。

1條鯉魚、100隻小龍蝦、牛奶燉物、各1道的藥草風味燉物、2隻龜、2條舌鰨、1條大黑斑狗魚、1條鱸魚、100顆牡蠣、6條沙梭、1條半的燒烤大鮭魚、6條舌鰨。

（《The French Table》）※

其中可以注意到，「舌鰨（大菱鮃）」出現了兩次。自中世紀起，舌鰨就是宮廷料理中絕對會出現的海鮮食材。但我們並不清楚料理舌鰨的方法，因此我試著搭配當時作法已相當成熟的白醬來重現料理。

首先，以魚高湯及白酒烹煮比目魚及蔬菜，當食材熟了後，先將比目魚裝盤。於留有其他食材的平底鍋中加入牛奶、低筋麵粉並予以燉煮，便可製成白醬。接著將蔬菜裝盤，淋上白醬即可完成。

充滿比目魚精華的醬汁風味極具深度，與比目魚的清爽口感搭配性絕佳。各位也可選擇不製成醬汁，而是直接保留湯汁原味，作為湯品品嚐。

※編註：作者參考日文版書籍《フランス食卓史》

≈2≈ 香瓦隆式 燉豬肉馬鈴薯

香瓦隆（Champvallon），據說是由路易十四情婦的香瓦隆夫人，或是該夫人的廚師所想出來的背肉料理。在現代的法國料理中，則是指將帶骨的豬背肉熱煎過後，加入洋蔥、**馬鈴薯**與雞高湯一同燉煮，接著再放入烤爐蒸烤的佳餚。

然而，路易十四與香瓦隆夫人應該是未曾嚐過現代風格的版本。會這麼說，是因為他們生活的18世紀初期，馬鈴薯被認為含有毒性，因此禁止種植。馬鈴薯在法國成為普及食材要等到18世紀後半，而瑪麗王后也影響了馬鈴薯的普及。

營養學家巴曼迪耶（Parmentier，1737～1813年）在與普魯士的戰爭中遭俘擄，卻也因此得知了馬鈴薯的美味。他在返回法國後，便提出以馬鈴薯改善饑荒的對策。當時雖然經核准得以食用馬鈴薯，卻遲遲無法普及。這時，他便委請國王路易十六給予協助。

路易十六爽快地答應了巴曼迪耶的請求，開始於凡爾賽宮外的農地種起馬鈴薯，並於白天派人看守，夜晚減少人力，故意讓馬鈴薯被竊，使其風味流傳開來。瑪麗王后也非常配合路易十六的提案，甚至以馬鈴薯花做成髮飾，但或許這只是因瑪麗王后本

馬鈴薯

16世紀的英格蘭也有一位像巴曼迪耶一樣，想要推廣馬鈴薯的貴族。那位貴族在墨西哥接觸到馬鈴薯，於是企劃了集結各種馬鈴薯料理的「馬鈴薯登場秀」。以伊莉莎白一世為首的眾多上流階級人士雖都出席了這場活動，但幾乎所有人皆因食物中毒病倒。這是因為當時料理並非使用馬鈴薯的地下塊莖，而是使用含有有毒茄鹼的葉莖部位。

身就很喜歡花草，因為喜歡才願意協助。雖然1785年的饑荒成了普及最直接的關鍵，但國王夫婦的廣告效果應該也對馬鈴薯普及整個法國帶來不小的幫助。

在這樣的歷史背景下，香瓦隆開始使用馬鈴薯要等到路易十六時期之後。或許，路易十六及瑪麗王后是最先品嚐到馬鈴薯風味香瓦隆的王族。

≈3≈ 番茄燉牛肉高麗菜

接著終於要來介紹出現在瑪麗王后晚宴中的料理了。這是1788年7月24日於小特里亞農宮舉行的晚宴，約有50道料理上桌，這裡將依照套餐不同的組成要素，分別介紹數道佳餚。

根據《The French Table》的記載，套餐包含了4道湯品（添加米、麵包丁及萵苣）、4道大開胃菜（燉牛肉高麗菜、串燒犢牛腰肉）、16道開胃菜（西班牙風味肉醬、塔塔醬嫩雞、串燒幼兔）、4道前菜（幼兔腰內肉、冷製嫩火雞）、6道烤物（嫩雞、閹雞裹麵衣）、16道可歸類在甜點的點心（Entremets）（無記錄）。光是一部分的套餐餐點，就能看出王后晚宴的奢華程度。我則從中選出「燉牛肉高麗菜」予以重現。

由於並未留下食譜，因此我試著擷取當時料理文化中「好的部分」。針對湯汁部分，我以當時最新穎的調味素材「犢牛高湯」為基底，搭配勃艮地地區燉牛肉不可缺少的紅酒，以及阿爾薩斯地區燉高麗菜時必備的百里香與月桂葉。

為了讓料理更具宮廷風味，我還使用了番茄。當時除了部分南法地區，以及少部分的西班牙及義大利人開始吃番茄外，整個歐洲幾乎都還不知道番茄吃起來究竟是什麼滋味。自17世紀起，引領飲食文化風潮的凡爾賽宮將番茄視為帶酸味的水果，深獲喜愛。到了18世紀後，更成為晚宴中不可或缺的食材。

犢牛高湯充滿深度的風味中，融合了番茄的酸味及香草香氛，可說是相當美味的絕品。各位不妨抱著受邀出席瑪麗王后晚宴的心情，細細品嚐這道料理。

≈4≈ 醃漬鮪魚

法國在18世紀時，每週五及週六兩天被定為**齋戒日**。齋戒期間嚴格禁食肉類。除了王族外，對大多數的貴族而言，魚類的保存食品可說非常珍貴。當時會將鯡魚煙燻加工、將撒鹽的沙丁魚存放於桶中、或是將鱈魚曬成魚乾。

接下來我們要來製作醃漬鮪魚。醃漬醬汁的材料為橄欖油、魚露、檸檬，只要稍微

齋戒日

齋戒期間的白天嚴禁飲食。日落後雖然能夠進食，但不可吃獸類、禽鳥肉、乳製品及蛋類。除了能吃魚外，還可吃「沒有起司，帶起司香味的餡餅」等素食料理。但若遇到饑荒，或對象為小孩、老人、病人、旅者時，則無須齋戒。

將鮪魚浸漬於醬汁中即可，甜甜鹹鹹的調味能襯托出鮪魚的鮮味。除了路易十四在齋戒期間吃過這道料理外，大多數的貴族也都曾吃過類似的料理。

≈5≈ 科梅爾西風味 瑪德蓮

最後一道料理為**瑪德蓮**。瑪德蓮雖然現在已是超越國界，為各位所熟知的糕點，但它要等到18世紀後才開始於法國聲名大噪。

法國東部有一個名為科梅爾西（Commercy）的小鎮，據說本為波蘭國王的領主準備舉辦派對，但負責糕點的師傅卻與料理長起了爭執。這時，糕點師傅竟然落跑，在場的女僕便以現有的材料及扇貝貝殼，製作出糕點。領主和賓客都對這道糕點讚不絕口，之後就廣播到法國全土。此糕點取自該女僕的名字，被稱為「瑪德蓮」（Madeleine）。

科梅爾西小鎮傳統的瑪德蓮食譜會將檸檬皮揉入麵團中，使其帶有香味，形成甜中帶清爽的溫和口感。順帶一提，品嚐了瑪德蓮、曾為前波蘭國王的領主，其實就是路易十五之妻——瑪莉・蕾緹絲卡的父親。相信瑪德蓮也會立刻傳入凡爾賽宮，喜愛甜食的瑪麗王后在品嚐過瑪德蓮後，一定也是為之驚艷吧。

瑪德蓮

瑪德蓮的起源眾說紛紜。其中還有一個頗為知名的說法，那就是法國大革命期間，被趕出修道院的修女將修道院秘傳的食譜，賣給了科梅爾西的糕點師傅。當時，扇貝是朝聖的象徵，修女便透過販賣糕點賺取收入。

飲食文化的政權交替

義大利人減少香料使用、開始加入蔬菜的料理文化在法國宮廷料理人的手中隨之進化，並研發出高湯及醬汁等相當具深度的調味手法。這對混合香草及香料的既有調味基本法而言，可說是相當大的變化。

文中介紹的5道料理中，3道皆使用了犢牛高湯或魚高湯。無論哪道料理的表現皆相當纖細且風味充滿深度，是當今也很難有機會品嚐到的高級料理。這也讓人不難理解，為何王公貴族們會如此暴飲暴食。對瑪麗王后而言，或許這就是最平常的飲食生活吧？即便到了現代也會是讓人好不羨慕的飲食生活呢！

18世紀的法國料理需準備的食材眾多，因此烹調也相對較費工夫。我必須說，現代人若想在平常製作這些料理的話會非常有難度，但卻能在有慶祝價值之日或客人來訪時，讓人有被款待的感覺。各位不妨與親友們搭乘料理這台時光機，一同前往凡爾賽宮吧！

然而，就在凡爾賽造就了燦爛奪目文化的同時，也使得國家財政陷入困境，最終引爆法國大革命，讓法國結束了君主專政時代。在此同時，法國飲食文化的發展舞台也從宮廷轉移至餐廳。下一章將帶各位瞧瞧料理經過「政權交替」後的變化。

chapter.7

雨果的饗食餐宴

法國·拿破崙時代
（19世紀）

本章將介紹在動盪時代下，
由市民與前宮廷料理人攜手完成的布爾喬亞美食文化！
就讓我們將鍋子點火，步向巴黎的餐廳街吧！

MENU

燉羊肉佐庫斯庫斯

當北非及法國的食材相遇！
口感會讓人上癮的布爾喬亞人氣料理

材料　4人份

羊肉＝300g
庫斯庫斯＝100g
洋蔥＝100g（½顆）
胡蘿蔔＝80g（½條）
青豆＝80g
蕪菁＝80g（1顆）
小黃瓜＝50g（½條）
芹菜＝50g（½支）
花椰菜＝50g（¼顆）
鷹嘴豆＝100g
大蒜＝2瓣
奶油＝4g
孜然粉＝1小匙
芫荽粉＝3大匙
鹽、胡椒＝適量
橄欖油＝1大匙
水＝150mℓ
犢牛高湯
- 牛筋肉＝50g
- 洋蔥＝300g（1又½顆）
- 芹菜＝100g（1支）
- 大蒜＝2瓣
- 丁香＝1根
- 百里香＝1枝
- 月桂葉＝1片
- 胡椒＝適量
- 白酒＝200mℓ
- 水＝4ℓ

作法

1. 製作犢牛高湯。
先將水倒入鍋內，並放入材料。洋蔥切成大塊，燉煮1～2小時，直到湯汁收乾剩半（2ℓ）。
2. 洋蔥切丁，蕪菁切成六等分，小黃瓜、芹菜、胡蘿蔔皆切成8cm的條狀，花椰菜則切成小塊。羊肉切成一口大小。
3. 於平底鍋將橄欖油及奶油加熱。
將2的羊肉以鹽、胡椒調味，炒至呈現金黃色，完成後再以廚房紙巾吸掉多餘油分。
4. 於鍋中倒入橄欖油、大蒜、孜然粉及芫荽粉熱炒。
5. 飄出香氣後，再將2的洋蔥放入鍋中。
當湯汁收乾時，加入1ℓ的犢牛高湯。
6. 於鍋中加入2的蕪菁、小黃瓜、芹菜、胡蘿蔔、花椰菜、3的羊肉，以及鷹嘴豆與青豆後，以小火烹煮10分鐘。
7. 於料理盆中放入庫斯庫斯、橄欖油、鹽攪拌，再加入1ℓ的犢牛高湯，移至其他鍋中，並以小火烹煮5分鐘。
8. 將6及7裝盤。

洋蔥湯

令人舒心的雞高湯風味。

材料 4人份

洋蔥＝400g（2顆）
牛筋肉＝200g
低筋麵粉＝15g
奶油＝15g
鹽、胡椒＝適量
紅酒＝30mℓ
雞高湯
- 雞高湯＝½杯
- 胡蘿蔔＝200g（1條）
- 洋蔥＝100g（½顆）
- 大蔥＝100g（1根）
- 芹菜＝100g（1支）
- 大蒜＝4瓣
- 香草束＝2袋
- 丁香＝2根
- 百里香＝適量
- 月桂葉＝2片
- 鹽、胡椒＝適量
- 水＝2ℓ

作法

1. 製作雞高湯。
於鍋中倒入水，加入材料並燉煮直到湯汁收乾剩1ℓ。

2. 將洋蔥切半，接著切成薄片，並輕輕用手剝開。
牛筋肉則切成一口大小。

3. 將奶油放入鍋中融化，並以中火熱炒2的洋蔥。
待洋蔥變軟後，再撒點鹽及胡椒，
並炒到呈現褐色。

4. 將鍋子拿離火源，加入低筋麵粉攪拌。

5. 於鍋中加入雞高湯與牛筋肉，
再以小火烹煮10分鐘。

6. 撈除表面浮沫，加入紅酒，
最後再以鹽及胡椒調味。

諾曼第風味 香煎比目魚

濃郁的奶香醬汁與比目魚的搭配性絕佳！

材料 4人份

比目魚＝320g（4塊魚片）
魚貝類（烏賊、蝦、蛤蠣）＝1盒
大蔥＝30g（1/3根）
洋蔥＝50g（1/4顆）
香草束＝1袋
奶油＝20g
蛋黃＝1顆
生奶油＝50mℓ
鹽、胡椒＝適量
白酒＝200mℓ
魚高湯
- 白身魚（比目魚亦可）＝140g
- 大蔥＝50g（1/2根）
- 洋蔥＝20g
- 芹菜＝30g（1/3支）
- 香草束＝1袋
- 奶油＝20g
- 白酒＝100mℓ
- 水＝1ℓ

作法

1. 製作魚高湯。
以奶油熱炒大蔥、洋蔥、芹菜、香草束。
於鍋中放入白身魚、水、白酒、炒過的蔬菜，
燉煮直到湯汁收乾剩半。
2. 於平底鍋塗抹15g奶油，放入切成碎末的大蔥、洋蔥、用鹽及胡椒調味過的比目魚、100mℓ白酒、魚高湯並加熱。
3. 待2沸騰後，移至耐熱容器，並放入預熱200℃的烤爐中烘烤10分鐘，接著移到其他容器。
4. 製作醬汁。
於鍋中放入魚貝類、100mℓ白酒、香草束及3的湯汁，
以小火烹煮10分鐘。
5. 加入生奶油、5g奶油、蛋黃烹煮5分鐘，
接著以鹽、胡椒調味。
6. 將5的醬汁淋在3的容器中，即大功告成。

19世紀風味
馬鈴薯蘆筍舒芙蕾

席捲整個歐洲的新舊蔬菜大融合！

材料 4人份

馬鈴薯 = 600g（4顆）
蘆筍 = 80g（4根）
蛋 = 2顆
奶油 = 15g
起司粉 = 適量
鹽 = 適量
胡椒 = 適量
橄欖油 = 適量
牛奶 = 100mℓ

作法

1 馬鈴薯削皮後，以削皮刀削成稍微有厚度的片狀，並放置於料理盆。

2 於1混合蛋液、牛奶，撒點鹽及胡椒。

3 將2放入塗上薄薄一層奶油及橄欖油的耐熱容器中。

4 將蘆筍切成細丁，放入3中，並撒入起司粉。

5 以200℃的烤爐烘烤約10分鐘，烤到稍微帶色。

6 裝盤後即完成。

point

若將蛋改為蛋白霜，就會變得更像現代版的舒芙蕾。

烘烤蘋果飯

小奢侈的自製法式甜點

材料 4人份

米＝1杯
蛋白＝4顆份
香草莢＝1條
奶油＝15g
砂糖＝5大匙
鹽＝½小匙
牛奶＝200mℓ
糖煮蘋果
- 蘋果＝300g（1顆）
- 砂糖＝1大匙
- 白酒＝100mℓ
- 水＝50mℓ

作法

1. 將米充分洗淨，浸水約30分鐘。
2. 於鍋中放入牛奶、鹽、香草莢，煮沸後，再加入1的米及1大匙砂糖。接著以小火燉煮15分鐘，直到水分收乾。
3. 於料理盆中放入蛋白、4大匙砂糖並打發成蛋白霜。
4. 將2的米放入抹有奶油的耐熱容器中，並擺上糖煮蘋果，接著淋上蛋白霜。
5. 以200℃的烤爐烘烤約15分鐘即可完成。

糖煮蘋果作法

1. 將蘋果切成8等分。
2. 放入鍋中，並加入砂糖、白酒、水燉煮，直到蘋果熟透。

chapter.7

雨果的饗食餐宴

法國・拿破崙時代（19世紀）

生活於悲慘世界的雨果

19世紀的法國可說是歷史上前所未見的動盪時代。**維克多・雨果**（Victor Marie Hugo）的小說《悲慘世界》（Les Misérables）裡，便描述了在政權更迭與戰爭不斷的混亂時代中求生存的人們。雨果本身亦是作品舞台中的19世紀巴黎市民。雨果透過《悲慘世界》，向社會傳達他對貧窮、兒童、女性等社會弱勢族群議題的思維。

撰寫雨果傳記的作家安德烈・莫洛亞（André Maurois）表示，《悲慘世界》中，點燃革命之火的青年馬留斯（Marius）其實帶有年輕雨果的影子。該著作中提到，馬留斯的飲食生活為「第一天吃肉、第二天吃油脂、第三天則將骨頭涮一涮」。或許文藝青年的雨果同樣有著這般飢餓的記憶。

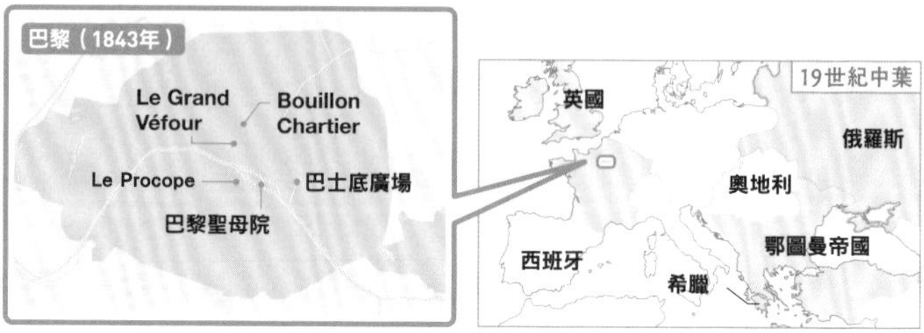

然而，雨果在撰寫了許多廣獲好評的作品後，生活也在進入壯年時變得較為寬裕。甚至能每週舉辦一次與貧困孩童的餐會，每晚邀請12或14名（13人代表不吉祥，因此會刻意避開）好友餐敘，享受交流時光。

誕生革命的餐廳

在雨果上了年紀後，餐會都改在餐廳舉行。餐桌上除了會出現上一章節介紹的牛肉料理外，更是擺滿了一道又一道的豪華餐點。其實這也相當合理，因為當時許多於餐廳工作的廚師，都是因革命失去追隨主人的前宮廷料理人。

1789年的法國大革命後，王公貴族們四處逃亡，這也讓許多宮廷料理人沒了工作，被迫做出追隨主子，或是在巴黎開餐廳的選擇。許多廚師便決定在巴黎開起餐廳。前宮廷料理人們的決策，也讓飲食文化的發展舞台從宮廷轉移至餐廳。

過去由貴族獨佔，被稱為美食學（Gastronomy）的美食文化就這樣在巴黎的布爾喬亞（Bourgeoisie，中產階級的市民）中大放異彩。對布爾喬亞而言，能接觸到滿懷憧憬的貴族餐飲，也讓他們更講究飲食生活。為了追求讓人雀躍的料理及嶄新的飲食文化，人們開始天天前往餐廳，或許雨果也是那其中一人。

維克多・雨果

1802～1885年。小說家、詩人、劇作家，也從事政治活動。因為對拿破崙的批判而受到迫害逃亡。《悲慘世界》便是逃亡生涯中的執筆著作。

接下來，就讓我們透過19世紀法國餐廳實際上桌的料理，來想像一下雨果的《悲慘世界》。

布爾喬亞對美食的享受

當時的市民家中幾乎都沒有廚房，因此並未養成自炊的習慣。排除掉受邀前往富裕人家的特殊情況，若想要吃上美味的一餐，就只能請酒店外送料理。極受歡迎的音樂劇電影《悲慘世界》中，《酒店主人》（Master of the House）橋段的歌詞是這麼提到的。

酒店的食物超乎想像
放進絞肉機裡混攪假裝是牛肉
馬的腎臟、貓的肝臟
全都填入香腸裡

（電影《悲慘世界》（2012年）中，《酒店主人》的橋段）

法國歷史

1792年	建立第一共和
1802年	雨果誕生
1804年	法蘭西第一帝國成立　拿破崙一世即位
1814年	法蘭西波旁王權復辟
1830年	七月革命。奧爾良王朝成立
1848年	二月革命。建立第二共和
1852年	成立法蘭西第二帝國　拿破崙三世即位
1855年	巴黎世界博覽會
1871年	建立第三共和
1885年	雨果過世

聽起來雖然是非常可怕的香腸，但據說當時酒店的餐點確實一點也不美味。在宮廷中累積相當經驗的廚師所經營的餐廳增加，人們變得不再需要仰賴提供粗糙服務的酒店。對巴黎市民而言，有專業廚師供應餐點可說是再開心不過的事了。

此外，法國的料理工會制度在大革命之後也隨之瓦解，讓餐廳發展更趨向自由。法國大革命前，受到工會制度規範，烤肉店只能賣烤肉，火腿香腸店只能提供火腿或香腸，但隨著規範的解禁，餐廳開始因應需求，提供更多元化的料理。

餐廳的誕生

當時的餐廳可大致分為三種。首先，「晚餐餐廳」是能夠享受到具備高超廚藝的料理人們精心製作晚餐的用餐處，相當於現在的高級餐廳。羅浮宮北側，聖奧諾雷路（rue Saint-Honoré）靠近皇家花園（Palais Royal）一帶便聚集了許多這類型的餐廳。創業於1760年，目前享譽世界的頂級法國料理餐廳「大維富餐廳」（Le Grand Véfour）同樣位處此區。除了拿破崙與妻子約瑟芬、小說家大仲馬（Alexandre Dumas）等名人外，上自貴族、下自中產階級的各類人們都曾於此用餐，更因此創造出美食文化。

雷諾瓦於1876年繪製的作品《船上的午宴》。隨著餐廳的普及，男女們逐漸地養成了一起用餐的習慣，餐會也成了女性穿著自豪禮服供眾人欣賞的場合。

接著是價格平實的「布爾喬亞餐廳」，來自地方或國外的旅行者也經常於此用餐。「布爾喬亞餐廳」的數量不僅比「晚餐餐廳」多，更是能為平民百姓節省荷包的用餐處。

最後則是廉價的「工人餐廳」（Bouillon），意指便宜的食堂。這裡是勞工們經常前來的大眾餐廳，提供一碗湯及一盤肉類料理餐點。相信年輕時相當貧窮的雨果一定也是工人餐廳的常客。

就像這樣，餐廳文化在19世紀開始萌芽，讓餐廳型態、市民飲食生活及供應的料理急速趨向多元。現在就讓我化身布爾喬亞，重現當時的餐廳料理吧！

≈1≈ 燉羊肉佐庫斯庫斯

《悲慘世界》的故事雖結束於１８３３年，但當時北非阿爾及利亞的飲食文化正席捲整個巴黎。最具代表性的食材，就是以小麥粉加工成米粒狀的「庫斯庫斯」（Couscous）。會出現這樣的影響，全起因於法國在王政復辟後，侵略了阿爾及利亞。

１８２７年，只因在國際會議中發生了些許爭執，竟演變成法國武力侵占阿爾及利亞的局面。法國征服了阿爾及利亞後，在全面確保貿易管道的同時，也讓包含庫斯

創業於1896年的工人餐廳Bouillon Chartier。1989年，餐廳被列為歷史紀念建築物，是受到保護的文化財產。截至2017年仍持續營業中。（Michel Wal拍攝）

庫斯在內的當地食材流入法國。

歷史背景稍顯複雜的庫斯庫斯是能與各種料理搭配的絕佳食材，因此立刻被布爾喬亞接納。高級餐廳更會將庫斯庫斯與燉羊肉一同擺盤上桌，據說這也是女作家喬治・桑（George Sand，１８０４～１８７６年）相當喜愛的料理。

很可惜的是，目前已無法得知正確的食譜內容。因此我參考了現代的燉羊肉作法，並與庫斯庫斯搭配製成料理。我先用水、橄欖油與鹽浸泡庫斯庫斯，接著再將羊肉連同綠色蔬菜一同燉煮。堪稱是法國食材與來自阿爾及利亞新食材互相結合，充滿19世紀巴黎風味的料理。

≈2≈ 洋蔥湯

在19世紀的套餐料理中，洋蔥湯等同濃湯，是第一道上桌的料理。

１８２０年代，一間名為「Philippe」的晚餐餐廳於每週六都會舉辦「大胃王俱樂部」的餐會活動。「大胃王俱樂部」是由部分貴族所組成的會員制俱樂部，他們會自晚上六點至隔天中午舉辦歷時冗長的餐會。看來即便歷經了悲慘的法國大革命，人們對於吃的慾望仍絲毫未減。

而洋蔥湯就是該時期的餐點之一，其後更發展成現代法國料理中，不可或缺的傳統法式洋蔥湯（Onion Gratin Soup）。

重現料理的過程中，我原本以為未經焗烤（Gratin）的洋蔥湯風味會顯得不足。但實際烹調後發現，高湯呈現出紮實的口味，與炒過的洋蔥相輔相成，展現出令人深感懷念的舒心風味。或許當時「大胃王俱樂部」的會員們在開始大口進食之前，也是先用這道湯品暖胃。

≈3≈ 諾曼第風味 香煎比目魚

接下來要介紹的第三道魚料理，是套餐要從湯品進入肉類料理時，經常穿插其中的一道菜。當時的料理書籍《La cuisinière bourgeoise》是這麼寫道的。

將大菱鮃（turbot）放入帶有網子的蒸魚用料理鍋中，倒入大量冷水。慢慢地添加牛奶，避免其沸騰，並加入較大量的鹽。蓋上布，慢慢地倒入清湯時，須避免魚肉破損。

（摘自《Histoire de la cuisine bourgeoise》中，《La cuisinière bourgeoise》）※

《La cuisinière bourgeoise》

過去料理書籍主要的記載內容為宮廷料理，但此書如同其名，是專門為布爾喬亞所寫的料理書。書中一開始便提到「雖然有些宮廷料理在外觀或味道上稍嫌遜色，卻相當有益健康且能節省荷包」，從此便可知道是帶有宮廷料理基礎的料理書。

※編註：作者參考日文版書籍《フランス料理の歴史》

在貴族間，大菱鮃是被稱為珍品中珍品的魚類。當時的菜單中，更可說是絕對會出現在餐桌上的料理。我雖然有緣在日本的高級餐廳看過大菱鮃，但由於價格昂貴，因此這裡改以比目魚替代。

諾曼第風味源自法國諾曼第地區，烹調時會將食材加入白酒、奶油、生奶油或牛奶燉煮成的醬汁。19世紀中期，位於法國巴黎中央市場蒙特格尤大街（Rue Montorgueil）的餐廳「Au Rocher de Cancale」就有提供充滿諾曼第風味的料理。白身魚肉與濃厚的醬汁極為搭配，是會讓人想在寒冷季節品嚐的味道。順帶一提，據說在發祥地的諾曼第地區並非使用白酒，而是添加蘋果酒（法文Cidre）。各位不妨分別使用兩種酒烹調比較看看，相信會非常有趣。

≈4≈ 19世紀風味 馬鈴薯蘆筍舒芙蕾

第四道要介紹蔬菜甜點（Entremets），這次我選用的食材為馬鈴薯。馬鈴薯終於在18世紀被寫入了料理食譜中，接著更在19世紀成為繼麵包後，民眾們的能量來源，晉身為整個歐洲遭遇饑荒時的救世主。

現在的舒芙蕾一詞，多半是指於蛋白霜中加入各種食材製成的甜點。但從現存的19

世紀料理書來看，卻是指將切成碎末狀的食材與打散的全蛋混合後，以烤爐烘烤而成的料理，而不是像現代舒芙蕾一樣的膨鬆料理。

重現料理時的訣竅在於馬鈴薯的切法。既然當時的料理書中提到，「盡可能地削成厚度約2個法郎硬幣厚度的長長緞帶」，那我們就用削皮刀稍微削出帶厚度的馬鈴薯，蘆筍則是切成碎末即可。

鬆軟的雞蛋帶有蔬菜鮮脆的口感，這種表現相當有趣，顏色呈現也非常漂亮，是道充滿視覺享受的料理。就連當時的人們也讚不絕口，表示「雖然簡單卻很美味」。

≈5≈ 烘烤蘋果飯

端上桌的第五道料理是甜點。稻米要等到19世紀初才真正地於法國傳開，並經常出現在貴族或富裕市民的餐桌上。當時的稻米被歸類於蔬菜，並頻繁地使用於甜點中。

將米洗淨，浸泡於水中直到變白。於牛奶放入鹽及香草煮沸，接著放入米烹煮，加入少許砂糖。接著製作糖煮蘋果（Apple Compote），於蘋果添加砂糖並加以燉煮。準備4顆蛋白並打發，加入4匙多的糖粉。首先，將要放進烤爐中的器

受到拿破崙遠征俄羅斯（1812年）的影響，俄羅斯的供餐方式也傳入了法國。過去的法式供餐法是準備大量料理，每個人選擇自己喜愛的料理。但俄式供餐法則是依序推出一道道每個人能吃完的料理分量。右圖為亞伯拉罕．博斯（Abraham Bosse）所繪，路易十三（1601～1643年）時期的宴席場景，可看出當時仍採行法式供餐法。

皿放入米，接著是柑橘醬，最後再倒入打發的蛋白霜。放入烤爐中並烤到帶色。
（摘自《Histoire de la cuisine bourgeoise》中，《La cuisinière bourgeoise》）

此道料理大致上可分為4個環節。首先是將米與砂糖一同以牛奶燉煮。接著是將蘋果添加砂糖與白酒煨煮。下個步驟則是於耐熱器皿中依序放入米、糖煮蘋果、蛋白霜。最後以烤爐烘烤後，即可完成。

除了砂糖的甜之外，還可以品嚐到蘋果汁擴散至整體的柔和甜味。現在的法國還有一道名為「Riz au lait」，以牛奶燉米製成的甜點。或許烘烤蘋果米飯與Riz au lait間存在著關聯性，相信品嚐比較這兩道料理將會非常有趣。

做料理之人與嚐料理之人

實際品嚐過後會發現，這個時代的料理已經非常接近現代料理的味道。後面三道菜是以當時的食譜原味重現，雖然幾乎未做改良，卻能符合現代人的味蕾，只能說19世紀的法國真的會讓人肅然起敬。

邊品嚐料理，邊回顧著這個時代的種種時，不禁開始思考歷史的「if」。一般而言，飲食文化很難在動盪的時代有所發展，若革命當時，被趕出宮廷的料理人們選擇逃亡、或是巴黎市民疲心於動亂紛擾，導致食慾消失殆盡的話——。

但當時的法國並未發生上述情況。個人淺見認為，比起為自己做料理，為他人做料理的手藝進步幅度會更大。同樣地，做料理之人與嚐料理之人或許也是彼此相互刺激發展。

雨果在《悲慘世界》中描述為自由而戰的人們在吃了前宮廷料理人們的料理後，得到迎向明天的活力。想必料理人們在提供美味料理給巴黎市民的同時，也得到相當的成就感。「悲慘世界的人們」在苦痛時代中努力生存，透過料理相互激勵，或許也因為如此，才能孕育出法國美食文化這項副產物吧？19世紀的法國料理就是如此美味又充滿戲劇性，讓我不禁萌生出這一連串的奇妙思維，也請各位細細品嚐。

照片中的安東尼．卡瑞蒙（Antoine Carême）是受到法國料理影響極深的「明星料理人」。1784～1833年。卡瑞蒙工作的地點並非餐廳，而是專門侍奉宮廷人士及高官。在美食家外交官塔列蘭（Talleyrand）身旁學習，並於維也納會議中一展長才，對歐洲上流階級的飲食文化帶來深遠影響。

chapter.8

俾斯麥的遺言

普魯士王國&德意志帝國
（19世紀後半）

農人飯、工人飯、軍人飯、瓶裝保存食
透過料理，我們能看到努力生活的人們。
藉由充滿飽足感的庶民料理，邁向統一不久後的德國吧！

MENU

德國豬腳風味 烤肋排

先燉再烤，將鮮味整個鎖住！
傳遍巴伐利亞的改良版肉類料理

材料 4人份

肋排＝2條
胡蘿蔔＝160g（1條）
芹菜＝50g（½支）
洋蔥＝200g（1顆）
水＝適量
芥末籽醬＝適量
鹽＝適量
胡椒＝適量

作法

1 將胡蘿蔔切成扇狀，芹菜切段，洋蔥則切成2cm厚的薄片。

2 將肋排及1放入鍋中，倒入水蓋住食材，接著加熱滾沸。

3 燉煮時，必須不斷加水，讓水量維持一定。待沸騰後轉為小火，燉煮2小時，直到肋排變軟。

4 拿出肋排，擦乾水分，以鹽及胡椒調味。

5 於耐熱容器中放入肋排、燉煮過的蔬菜以及鍋內100mℓ的湯汁，以預熱250℃的烤爐烘烤約30分鐘。

6 當整條肋排烤出顏色後，即大功告成。可依喜好佐以芥末籽醬享用。

2

5

point
步驟5中，將肋排放入容器後，再將蔬菜塞進間隙裡。

白酒燉德國酸菜

藉由洋蔥及白酒之力，讓市售德國酸菜更加美味！

材料 4人份

德國酸菜＝1瓶
洋蔥＝200g（1顆）
丁香＝3～5根
百里香＝適量
迷迭香＝適量
月桂葉＝1片
鹽＝2大匙
胡椒＝適量
橄欖油＝適量
雞高湯＝150mℓ
白酒＝100mℓ
水＝150mℓ

作法

1 取出瓶內的德國酸菜，移至濾網並稍微水洗。

2 將洋蔥切成薄片。

3 於鍋中淋上一層橄欖油，將洋蔥炒到變軟。

4 接著將濾乾的德國酸菜放入鍋中，以撥動方式拌炒。

5 加入白酒、雞高湯、丁香、百里香、迷迭香、月桂葉、胡椒、水。

6 蓋上蓋子，待沸騰後，再以小火烹煮20分鐘。

7 以鹽、胡椒調味，待水分收乾後便大功告成。

法蘭[illegible]味 煎香腸

蘋果甜味成功[illegible]香腸的鮮美！

材料 4人份

香腸 ＝ 4條
蘋果 ＝ 300g（1顆）
白酒 ＝ 100mℓ
肉桂粉 ＝ 2小匙
檸檬汁 ＝ 適量
橄欖油 ＝ 適量

作法

1. 於鍋中倒入橄欖油，以中火熱煎香腸5分鐘左右。
2. 將蘋果削皮，切成扇狀並放入鍋中。
3. 於2的鍋內加入白酒及肉桂粉，沸騰後轉為小火。接著放入香腸，蓋上蓋子烹煮5分鐘左右。
4. 加入檸檬汁並關火。於餐盤中鋪上蘋果，接著擺上香腸。

point

推薦各位使用原味或香草風味的香腸，兩者與蘋果甜味的搭配性都非常好。

Linsensuppe（扁豆湯）

裡頭有著滿滿的蔬菜，連德國士兵也喝過的湯品

材料 4人份

扁豆 ＝ 100g
香腸 ＝ 4條
培根 ＝ 50g
馬鈴薯 ＝ 150g（1顆）
胡蘿蔔 ＝ 80g（½條）
芹菜 ＝ 100g（1支）
洋蔥 ＝ 200g（1顆）
義大利香芹 ＝ 適量
月桂葉 ＝ 1片
百里香 ＝ 1把
水 ＝ 1ℓ
白酒醋 ＝ 15mℓ
橄欖油 ＝ 適量
鹽 ＝ 適量
胡椒 ＝ 適量
迷迭香 ＝ 1枝

作法

1 將扁豆另外浸水。培根切成條狀，洋蔥切成碎末，馬鈴薯與胡蘿蔔切丁，芹菜則切段。

2 將橄欖油倒入鍋中並加熱，待油溫夠熱後，放入培根及洋蔥拌炒，直到洋蔥變透明。

3 接著再於鍋中放入扁豆、馬鈴薯、胡蘿蔔、月桂葉、百里香。

4 加入水，待沸騰後轉為小火。

5 撈取表面浮沫後，蓋上蓋子。要偶爾攪拌，並以小火烹煮30～40分鐘，直到扁豆變軟。

6 以鹽、胡椒調味。接著加入香腸、義大利香芹、白酒醋後烹煮5分鐘，擺上迷迭香裝飾即大功告成。

Leineweber Kuchen
工廠勞工們喜愛的馬鈴薯煎蛋餅

材料 4人份

馬鈴薯 = 150g（1顆）
洋蔥 = 100g（½顆）
蛋 = 3顆
低筋麵粉 = 65g
鹽 = 適量
肉荳蔻粉 = ½小匙
牛奶 = 100mℓ
橄欖油 = 適量

作法

1 將馬鈴薯削皮，切成5mm厚的圓筒狀。
將洋蔥剝皮，切成粗丁。

2 於料理盆中將低筋麵粉與蛋混合，並加入牛奶、鹽、肉荳蔻粉調味。

3 於平底鍋淋上一層橄欖油，放入馬鈴薯及洋蔥拌炒。

4 將2的液體倒入3的平底鍋，並讓液體均勻流開。
以小火加熱，差不多半熟時，再將其翻面。
翻面後再稍微熱煎一下即可完成。

point

步驟3中若加入當時很常食用的培根、奶油、香腸，也會非常美味。

chapter.8

俾斯麥的遺言

普魯士王國&德意志帝國（19世紀後半）

鐵血宰相的大胃王傳說

19世紀前半，德國雖然是由約莫40個君主國及自由城市組成的「聯邦」，但實際上卻是毫無組織、各自為政的狀態。普魯士王國的首相**奧托・馮・俾斯麥**（Otto von Bismarck）在面對這樣的情況時，提出了統一德國的想法。普魯士推行獎勵軍需產業、改革軍隊組織，並在獨立戰爭中戰勝鄰國，帶領德國走向統一，德意志帝國就這樣於1871年正式誕生。就任帝國宰相的俾斯麥在嚴厲壓制國內反對勢力的同時，更導入了普選及社會保險制度，外交部分更建構了由德意志主導的同盟系統。

俾斯麥雖然是個如同神話般的存在，私生活可是相當簡樸，甚至曾表示「住處只需有桌椅即可」。然而，俾斯麥在飲食上卻似乎不是那麼的節省，據說他有著連德意志

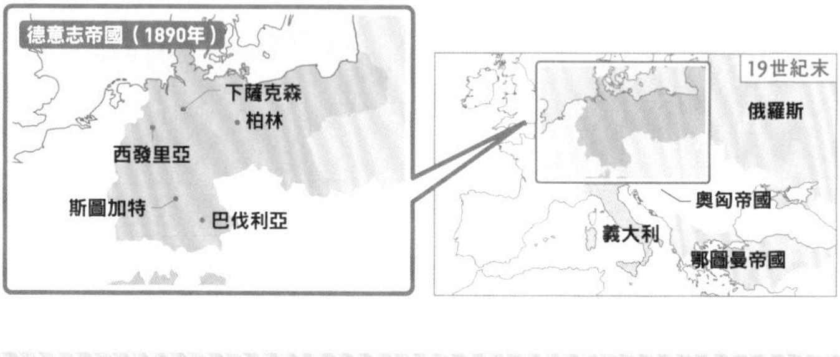

皇帝也會嘆為觀止的食量。歷史學家洛塔爾・加爾（Lothar Gall）的著作中，曾提及俾斯麥令造訪宰相官邸之人大為驚嘆的「奇特飲食習慣」。

只要手中拿到鯡魚與甜食、烤肉與堅果、香腸與醃漬物，便立刻塞入口中。另外還有接連喝下2、3瓶紅酒或香檳，甚至再將啤酒灌下肚的嗜好。

（《Bismarck, the White Revolutionary》）※

即便俾斯麥到了50歲，仍維持這樣的習慣。甚至有人曾經說過，73歲的俾斯麥還曾在一頓早餐中，吃下魚子醬、香腸、鯡魚、鯷魚、馬鈴薯沙拉。看來俾斯麥確實有著異於常人的胃及食慾。

重現俾斯麥的豪華餐點其實非常有趣，味道設定上也不是那麼困難。於是，我試著重現俾斯麥所在的年代裡，德國各地所吃的料理。既然俾斯麥擁有常人2～3倍的食量，當然就有可能嚐遍德國的各種佳餚。

首先讓我們來了解一下19世紀當時的飲食情況。19世紀時，整個歐洲邁入人口爆炸性增加的時代。其中存在許多關鍵因素，但對德國而言，馬鈴薯可說是非常重要的角色。

※編註：作者參考日文版書籍《ビスマルク—白色革命家》

奧托・馮・俾斯麥

1815～1898年。除了領導德國統一外，更主導國際會議，避免戰爭的發生，諸多豐功偉業更讓俾斯麥被譽為19世紀最偉大的政治家。喜歡將蛋與各種料理一同品嚐的習慣更為人熟知，此外也非常喜愛鯡魚。

姍姍來遲的馬鈴薯救世主

馬鈴薯，除了影響19世紀德國的飲食文化外，說它改變了整個德國社會也不為過。現今更有「若不會用馬鈴薯製作套餐料理，就沒辦法嫁出去」的諺語，可見馬鈴薯已完全融入德國社會。馬鈴薯這個16世紀從美洲大陸被帶入歐洲的「外來蔬菜」，最初只被作為觀賞用及藥用。

發生於１７７０年代初期的大饑荒成了馬鈴薯普及的最關鍵因素。當年的饑荒雖讓德國的穀物收成受到嚴重打擊，但種植於部分山區的馬鈴薯收成卻絲毫不受影響。當時的人們開始知道馬鈴薯具備耐寒性及高收成率，這也讓德國各地開始種起馬鈴薯。１８７０年代時，馬鈴薯的年收成量來到８００萬噸左右，這不僅讓德國成為世界第一的馬鈴薯生產國，馬鈴薯也被作為「Leineweber Kuchen」（１４７／１５７頁）或萊茵地區鄉土菜「Himmel und Erde」（天與地）（１５５頁下方）等德國料理的食材。

馬鈴薯不只被用來吃，19世紀前半，德國以北部農村為中心，開始大規模生產名為schnapps的燒酒，而使用的原料就是馬鈴薯。當時德國因馬鈴薯產量過剩，於是將

普魯士・德意志歷史

1815年	俾斯麥誕生
1861年	威廉一世上任普魯士國王
1862年	俾斯麥被任命為首相
1864～1871年	德意志統一戰爭
1871年	德意志帝國成立
1873年	三帝同盟
1882年	三國同盟
1898年	俾斯麥過世
1914年	塞拉耶佛事件

多餘的馬鈴薯用來造酒。再加上schnapps的生產成本低廉，因此更是繼啤酒後，深受德國人民喜愛的「在地新酒」。

馬鈴薯對畜產業也相當有貢獻。蒸餾schnapps時所產生的酒渣非常適合作為豬隻飼料。隨著馬鈴薯的產量增加，蒸餾酒的生產規模不斷擴大，也使得豬肉的供應量得以攀升。最終，豬肉價格下降，讓平民百姓也能更普遍地吃到豬肉。

就這樣，馬鈴薯不僅解救了受饑荒所苦的人們，更深深影響著德國從西元前便延續至今的飲酒、畜牧等地方飲食文化。若各位還是將馬鈴薯視為「外來蔬菜」，那可就大錯特錯。馬鈴薯被德國列為成為新嫁娘的必修科目似乎也是有其道理。

工業革命＝飲食生活革命

德國為了解決寒冷氣候不利農作的問題，非常重視如何確保糧食，並開發保存糧食的技術，這也讓香腸及酸菜等保存食品成了非常具象徵性的德國料理。除此之外，發生於18～19世紀的工業革命更為糧食問題帶來極大的助益，使德國的飲食生活水平出現顯著改善。

於19世紀工業革命中登場的，是火車及渦輪驅動的蒸汽船。這些運輸工具能在短時間內輸送大量物品，大大降低了食品的運輸成本。再加上冷藏冷凍技術的發展，讓新鮮的肉品或魚類能以低廉的價格從外地送至德國。

德國更在同一時期發展罐頭產業。罐頭其實是由其他國家所發明，德國的馬口鐵職人們在學會了相關的製造技術後，於布倫瑞克（Braunschweig，現在的下薩克森州（Lower Saxony））成立工廠，最終該地區更成了大規模的罐頭工廠集散地。

當初雖是將蘆筍等高級蔬果加工成罐頭，但進入19世紀末期，鯡魚等大眾食材也開始被做成罐頭。在深受作物收成欠佳所苦的老百姓們之間，罐頭無需多少時間便廣為普及。

受到工業化的助益，德國人民能比從前更輕鬆地度過冬天。對他們而言，工業革命與「飲食生活革命」的意義相同。

既然已經談完了19世紀德國的飲食情況，接著就來看看充滿個性的德國料理吧！德國在傳統上有非常強烈的地方分權現象，這也使各個地區擁有獨自的飲食文化。比起貴族階級，這些飲食文化更親近於平民百姓。

≈1≈ 德國豬腳風味 烤肋排

巴伐利亞地區有著相當知名的鄉土料理「**烤德國豬腳**」(Schweinshaxe)。這是將帶皮的小腿肉與胡蘿蔔、芹菜、洋蔥一同燉煮數小時後，再進烤爐烘烤的肉類料理。我們雖然並不清楚此道料理究竟如何形成，但據說19世紀就已有人食用烤德國豬腳。正如同前文所述，隨著當時馬鈴薯種植的普及，或許也讓豬肉的供應得以增加。

重現料理時，考量到要取得豬的小腿肉較困難，因此我改以豬肋排替代。首先，將整塊豬肋排與香味蔬菜一同放入鍋中。當肋排骨肉分離時，再移至耐熱容器。接著於容器中鋪上香味蔬菜，並淋上湯汁，經烤爐烘烤後就完成了。烤肋排並不如想像中費工夫，是一道在烘烤的同時，還可利用時間準備其他小菜或配菜的「高效率料理」。軟嫩的肉帶有蔬菜的甜，雖然烹調步驟極為簡單，卻能得到令人驚豔的美味。肋排肉總讓人覺得很硬，但出席「音食紀行」活動的參加者便表示，「對肋排的印象完全改變了」。家中有烤爐的讀者不妨也試作看看這道烤肋排。

≈2≈ 白酒燉德國酸菜

在德國蔬菜界排名第二的，是高麗菜。現在的德國料理中，將切成細絲的白高麗菜撒鹽發酵製成的德國酸菜仍是相當重要的配角。

烤德國豬腳

正統的烤德國豬腳會使用整塊豬小腿肉。「水煮豬腳」(Eisbein)同樣也是使用豬小腿肉的料理，但水煮豬腳是很單純地以燉煮方式烹調，烤德國豬腳則是燉煮後，再放入烤爐烘烤。

德國酸菜除了能長時間存放、擁有極高的營養價值外，更一路支持著曾深受饑荒所苦的德國人民。俾斯麥時代已可見罐頭及瓶裝食品，據說當時已有瓶裝的德國酸菜，供一般大眾食用。

雖然德國酸菜的起源不詳，但德國國內普遍認為這是來自北部下薩克森州的料理。18世紀的學者約翰・貝克曼（Johann Beckmann）在著作《Beyträge zur Geschichte der Erfindungen》是這麼寫的。

若貝隆沒向我報告土耳其人會醃漬高麗菜，並經常在冬天食用的話，我可會誤以為鄰近諸國的人們是從德國這兒學會鹽漬高麗菜，而鹽漬高麗菜是來自德國下薩克森的發明。

（《Beyträge zur Geschichte der Erfindungen》）※

貝克曼雖然承認德國酸菜這道料理並非起源德國，但卻留下是德國將其拓展至歐洲鄰國的言論，我們從中也可看出德國人對德國酸菜相當自豪。

瓶裝德國酸菜在日本也相當普及。這裡要向各位介紹以傳統手法加工成的美味料理。加入炒過的洋蔥、香草（德國自12世紀起便將香草視為健康食品），並以雞高湯

※編註：作者參考日文版書籍《西洋事物起原》

及白酒烹煮後，即可完成風味濃厚的燉德國酸菜。

我也非常推薦各位將這道菜與烤德國豬腳等其他料理做組合，適中的酸味與各式料理皆具備極高的搭配性。

≈3≈ 法蘭肯風味 煎香腸

若要說到德國最具代表性的水果，當然就是**蘋果**了。蘋果是農民相當喜愛的食材，除了生食外，也會被用來做成料理或點心。在法蘭肯（Franken）地區，更存在著以蘋果及香腸做成的佳餚。

食譜相當清楚明瞭。第一步驟就是先把香腸煎好，接著以白酒烹煮切成扇狀的蘋果，待湯汁沸騰後，放入香腸，再以小火烹煮5分鐘即可完成。完成後，於餐盤鋪上剛剛煨好的蘋果，接著再放上香腸吧！蘋果看起來很像馬鈴薯，因此若不告知的話，品嚐者一定會嚇一跳。將這道煎香腸作為中世紀貴族風的驚奇料理想必也相當有趣。

煨蘋果與香腸的風味在鍋中融合，呈現出絕妙的搭配，是一道能暖和身體，會讓人想在冷天品嚐的料理。

蘋果

一整年都能收成的蘋果用途廣泛，可用來製作果醬或果汁、糖漬食品、酒類等。至於料理部分，在萊茵地區有一道名為「天與地」（Himmel und Erde）的知名鄉土菜。這道料理是將蘋果與馬鈴薯烹煮成泥狀，充分攪拌並烘烤，接著抹在香腸或培根上食用，簡單的風味是該料理的最大魅力所在。

≈4≈ Linsensuppe（扁豆湯）

Linsensuppe是指扁豆湯。德國每個地區有著自己的扁豆湯食譜。這次我參考了德國西南部斯圖加特（Stuttgart），用料豐富且感覺相當美味的食譜。

我在第4章也曾提到，扁豆是能與各種食材搭配，完全發揮配角功能的食材。在這道料理中，也要靠扁豆襯托出香腸、培根、馬鈴薯等德國不可缺少的食材風味。但光是這樣在口感上仍稍嫌不足，因此我還加了切丁的胡蘿蔔。蔬菜與豆子的味道相互融合，成就了一道讓人舒心的平民料理。

德國的士兵們也曾喝過扁豆湯，這道湯品應該也可定義為現代的「軍人飯」料理。不過，既然到了現代，相信軍隊士兵的料理也是精心烹調而成。或許，因激烈戰事而感到疲累不已的士兵們在品嚐了這道湯品後，身體也得已舒緩。當各位埋首於課業或工作而感到疲倦，喝著扁豆湯並思考著過往歷史的種種時，相信將能品味到更具深度的風味。

≈5≈ Leineweber Kuchen

Leineweber Kuchen這道馬鈴薯煎蛋餅是源自魯爾（Ruhr）工業區位處的威斯特法倫（Westfalen）地區。不僅便宜、美味，營養更是豐富，因此成了供給工廠勞工熱量來源的「工人飯」。

德語的「Leineweber」是指紡織設備，「Kuchen」則是指廣義的蛋糕，與Baum Kuchen（年輪蛋糕）的Kuchen同字。Leineweber Kuchen原本是衣服工廠或紡織工廠的工人們於工作空檔時吃的料理。若是這樣，那Leineweber Kuchen似乎也可說是工業革命孕育而出的料理。

馬鈴薯煎蛋餅的作法非常簡單，將切成圓筒狀的馬鈴薯與切成粗丁的洋蔥以平底鍋熱炒後，淋入以蛋、牛奶、低筋麵粉攪拌而成的麵糊即可。只要試著烹調、品嚐馬鈴薯煎蛋餅，就會知道這是道兼具簡單、美味、有飽足感的料理。生於現代社會的我們其實與當時的工廠勞工一樣，每天都必須以飛快的速度吃飯。因此推薦各位透過這道料理補充營養，千萬別讓自己累倒了。

生於普魯士王國的畫家・門采爾（Menzel）於1875年創作的作品《壓延工廠》（Das Eisenwalzwerk）中，便描繪了當時工廠內的情景。一個男人在暗處大口吞著容器中的食物，並喝著水或啤酒。既然能吃到馬鈴薯煎蛋餅，相信當時的工作環境已較為進步。（圖像為畫作的一部分）

凡事適可而止

從世界史來看，飲食文化長期以王公貴族等上流階級的所在之處為發展中心，但本章介紹的卻都是與庶民階級淵源極深的歷史料理。以馬鈴薯為首的美洲新大陸蔬菜在這時的德國廣為普及，飲食生活水平也在工業革命帶動下隨之提升，相信這時的人們也逐漸地有資格選擇吃或不吃。存在於各地的飲食文化更為精進，或許也因此得以孕育出現代人吃過也會說美味的料理。

透過每道料理，窺探市井小民當年的生活也是相當富饒興味。若不是栽種蘋果的農家，可能就無法想出「法蘭肯風味煎香腸」這道料理。扁豆湯「Linsensuppe」更被當成了士兵伙食。馬鈴薯煎蛋餅「Leineweber Kuchen」雖然是要給忙於工作的纖維工廠勞工吃的料理，但卻不禁讓人與速食聯想在一起。

19世紀的德國料理除了充滿地方特色，更富含能感受到庶民生活的戲劇元素。若要再舉出一項德國料理的特徵，那應該就是它的分量了吧！一旦進食過量可相當不得了，就連領導德意志走向統一的俾斯麥也有著相同困擾。

2012年時，發現了錄有俾斯麥聲音的古老留聲機蠟管，負責錄音的是愛迪生

Apfelschorle（蘋果氣泡水）

人工碳酸飲料誕生於18世紀的歐洲。橡皮擦發明者・英國的喬瑟夫・普萊斯利（Joseph Priestley）發現了以碳酸氣體讓水飽和的方法。溫泉水等天然碳酸水自古更被視為健康飲品。Apfelschorle則是流傳於德國，以蘋果果汁製成的碳酸飲料。

【材料】

碳酸水……100ml
蘋果汁……100ml

的徒弟。其中，俾斯麥留下了這樣的「遺言」給兒子。

不管是工作還是飲食，凡事都要適可而止

實在很難想像，這是從那位暴飲暴食的俾斯麥口中說出的話，但這或許意味著他（或多或少）也有在反省自己的飲食生活吧！俾斯麥其實還曾借助醫生的力量減肥。在德國統一後，相信更增加了不少品嚐地方料理的機會。說不定俾斯麥就是吃了太多本章介紹的美味地方料理，因此才會說出如此充滿悔意的言論。

19世紀的德國料理相當美味，美味到讓人完全不覺得是重現歷史文獻中的食譜。但由於卡路里稍微較高，各位務必留意不可過量飲食，要記得將俾斯麥的「適可而止」放在心中。

結語

我們透過「飲食」，一口氣探索了西亞及歐洲５０００年的歷史。雖然是年代久遠的食譜，風味卻出乎意料地新穎，將看似不相關的食材結合，相信各位也從中感受到歷史料理的深奧。

本書可說是「音食紀行」這個重現歷史料理活動的成果。雖然需要花點篇幅，但請容我在此簡單說明什麼是「音食紀行」。

這一切都要先從２０１１年準備前往海外旅行前的突發狀況說起。當時我計畫到印度旅行，卻陰錯陽差地得到了２個禮拜的假期。突然空閒下來的我想起了一則從以前就相當感興趣，名為「西班牙人教你簡單做海鮮燉飯」的部落格文章，因此決定實際試做看看。

閱讀食譜、準備材料、動手烹調、品嚐料理。雖然不過就是這幾個步驟，但番紅花的金黃色、海鮮誘發食慾的香氣，在感受湯頭濃郁風味的同時，似乎能看見烈陽閃耀的西班牙風景，聽見人們充滿活力的聲音。這聽起來雖然非常不可思議，但我就像透過料理，來到了一個完全陌生的環境。

從那天起，週末就成了我的料理日，我開始烹調世界各國的料理，並放上社群媒體分享。

就這樣過了一年左右，我做了一個夢。

我夢見自己是個生於中世紀的貴族，出席了某宅邸舉辦的宴會。極為豪華的料理、於一旁演奏著樂器的樂師、隨著音樂起舞的賓客，通宵舉辦的宴會中，令人驚艷的料理更是不斷上桌。

當我在撰寫與１６００年代英國宮廷及音樂相關的大學畢業論文時，也曾經夢見過完全相同的夢。這或許是因為我自己也會演奏古樂器，對古老的年代特別有感覺的關係吧！但這次，我選擇不再讓一切「結束於夢中」。

「我想要讓夢實現，想要來場中世紀或凡爾賽宮曾經舉辦過的豪華饗宴！」

我的腦中滿滿都是這個想法。

既然決定了，當然只有付諸執行。這時需要的是音樂及料理。音樂部分交給專業演奏家，料理的部分則由我來重現。過去我雖然透過製作外國料理讓自己跨越了國境，但這次可是要回溯到以前的時代。活動名稱的概念是想透過「音」樂與飲「食」，同時虛擬體驗時空旅行與世界旅行，因此取名為「音食紀行」。

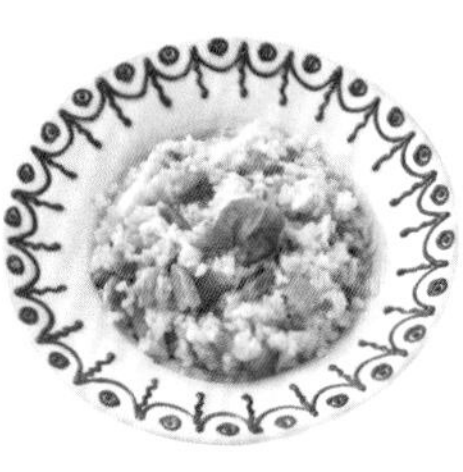

剛開始我是先以自己喜愛的中世紀及文藝復興時期為主題，但透過社群媒體得到了非常多的點子，讓「音食紀行」的涉獵範圍擴及了整個世界。古代美索不達米亞、古羅馬、革命前後的法國、德意志帝國……。不知不覺地竟也蒐集了眾多主題，多到能悠遊在西亞及歐洲5000年的歷史中。

在不斷舉辦活動的過程中，我更發現歷史料理的重現與演奏古樂非常類似。

所謂的古樂，是依照樂譜留下的資訊（有時資訊已不完整）進行演奏。以往在演奏古樂時會以「完整的重現」為目標，相當重視作曲者的意念以及重現當時的樂器，但近期卻轉變為希望透過自由的詮釋發揮，讓現代的欣賞者能從中得到樂趣。在這般趨勢轉變的背景中，我們也可體認到「音樂有人聽才會存在」的原則。

料理亦是如此。也就是說，現在料理之所以會存在，是因為有品嚐之人。

釐清了箇中道理後，對於既不是專業廚師，也不是歷史學家的我而言，「理想的重現料理」其實就如同演奏古樂，必須是「現代人吃過後覺得好吃的料理」。於是在客人的反饋及廚師建言下，我選擇追求更美味的料理呈現方式。

活動開始至今4年，我也終於有機會推出期盼已久的書籍。對於能將一路累積的成果以書籍方式呈現，感到非常開心。

為了寫書，我重新調查了每個時代的飲食情況、價值觀以及味道呈現方式。深入了解後才發現，原來每個時代的人對於飲食的思維及煩惱，那種相似度是跨越時代的。這也彷彿讓我透過料理，與遠古之人有了場對談體驗。

在規劃食譜及執筆過程中，得到各方面的大力協助。特別是活動的參加者與專家們往往會給予提案、建言，以及鼓勵。在此要向各位表達感謝之情。

人離不開「吃」這件事。無論在哪個時代，料理就像面鏡子，能反映出人們的生活及願望。學會溫故知新，在接觸新的領域時不僅能體會到充滿個性的料理世界，更能看見人們是如何奮力地在時代中求生存。身為本書作者，沒有什麼能比讓各位擁有這種體驗更加開心。

宴會似乎也該開席了。其實還有許多地區及時代的料理既特別又有趣。我會繼續尋找更多能鼓動人心的嶄新料理，並想像著未來的某一天能再與各位來場料理時光之旅。

就讓我們期待再相會！

2017年6月　音食紀行　遠藤雅司

主要參考文獻

『食の歴史(1)~(3)』
J・L・フランドラン、M・モンタナーリ著/宮原信、北代美和子監訳　藤原書店

『美食の歴史』
アントニー・ローリー著/富樫瓔子訳
創元社

『食の文化史 ― 生態・民族学的素描』
ジャック・バロー著/山内昶訳
筑摩書房

『ペルシア王は「天ぷら」がお好き? ― 味と語源でたどる食の人類史』
ダン・ジュラフスキー著/小野木明恵訳
早川書房

第1章　吉爾伽美什的盤算(古代美索不達米亞)

『ギルガメシュ叙事詩』
月本昭男訳　岩波書店

『最古の料理』
ジャン・ボテロ著/松島英子訳
法政大学出版局

『メソポタミア文明』
ジャン・ボッテロ、マリ=ジョゼフ・ステーヴ著/高野優訳/矢島文夫監修　創元社

『バビロニア ― われらの文明の始まり』
ジャン・ボッテロ著/南条郁子訳/松本健監修　創元社

第2章　蘇格拉底的吃飽再說(古希臘)

『ホメロス オデュッセイア 上下』
ホメロス著/松平千秋訳　岩波書店

『プルタルコス英雄伝 上中下』
プルタルコス著/村川堅太郎訳
筑摩書房

『古代ギリシア・ローマの料理とレシピ』
アンドリュー・ドルビー、サリー・グレインジャー著/今川香代子訳　丸善
※同為第3章參考文獻

『ホメーロスの諸神讃歌』
ホメーロス著/沓掛良彦訳　筑摩書房

『食卓の賢人たち(1)~(5)』
アテナイオス著/柳沼重剛訳
京都大学学術出版会

『ソークラテースの思い出』
クセノフォーン著/佐々木理訳
岩波書店

Apicius(『アピキウスの料理帖』), Tr.Christopher Grocock, Ed.Sally Grainger(Prospect Books)
※同為第3章參考文獻

第3章　凱薩大帝的慶祝宴會(古羅馬)

『ガリア戦記』
カエサル著/近山金次訳　岩波書店

『古代ローマの調理ノート』
アピキウス原典/千石玲子訳　小学館

『シーザーの晩餐 ― 西洋古代飲食綺譚』
塚田孝雄著　時事通信社

『古代ローマの食卓』
パトリック・ファース著/目羅公和訳
東洋書林

『古代ローマの饗宴』
エウジェニア・S・P・リコッティ/武谷なおみ訳　講談社

第4章　理查三世的享受(中世紀英格蘭)

『リチャード三世』
シェイクスピア著/木下順二訳
岩波書店

『中世の饗宴 ― ヨーロッパ中世と食の文化』
マドレーヌ・P・コズマン著/加藤恭子、平野加代子訳　原書房

『中世貴族の華麗な食卓 ― 69のおいしいレセピー』
マドレーヌ・P・コズマン著/加藤恭子、和田敦子訳　原書房

『中世の食生活 ― 断食と宴』
ブリジット・アン・ヘニッシュ著/藤原保明訳　法政大学出版局

The Forme of Cury(『料理の方法』), Webサイト「Medieval and Renaissance Food: Sources, Recipes, and Articles」http://www.pbm.com/~lindahl/foc (2017年6月30日閲覧)

Ibn Razin at-Tugibi, Fadālat al-Jiwān fī tayibāt al-taʿām wa-l-alwān, Webサイト「The Jolly Duke Tavern」http://www.jollyduke.com/lentils---guiso-de-lentejas.html (2017年6月30日閲覧)

Marx Rumpolt, Ein New Kochbuch, Webサイト「Medieval Cuisine」http://www.medievalcuisine.com/Euriol/recipe-index/koeel-ruben（2017年6月30日閲覧）

Le Ménagier de Paris, Webサイト「Medeval Cookery」http://www.medievalcookery.com/search/autodoc.html?menag:391（2017年6月30日閲覧）

第5章 李奧納多・達文西的廚房（文藝復興時期的義大利）

『レオナルド・ダ・ヴィンチの手記 上下』レオナルド・ダ・ヴィンチ著／杉浦明平訳　岩波書店

『世界の食文化（15）イタリア』池上俊一著／石毛直道監修　農山漁村文化協会

『ルネサンス 料理の饗宴 ―ダ・ヴィンチの厨房から』デイヴ・デ・ウィット著／富岡由美、須川綾子訳　原書房

『レオナルド・ダ・ヴィンチの食卓』渡辺怜子著　岩波書店

『王妃カトリーヌ・ド・メディチ』桐生操著　ベネッセコーポレーション

Platina's on Right Pleasure and Good Health（『真の喜びと健康について』）, Ed&Tr.Mary Ella Milham（Pegasus Press）

THE OPERA OF BARTOLOMEO SCAPPI（1570）（『オペラ』）, Tr.Terence Scully（University of Tronto Press）

第6章 瑪麗・安東妮的日常生活（法國・波旁王朝）

第7章 雨果的饗食餐宴（法國・拿破崙時代）

『レ・ミゼラブル（1）～（5）』ヴィクトール・ユゴー著／西永良成訳　筑摩書房

映画『レ・ミゼラブル』（2012年公開）ヴィクトル・ユーゴー原作／トム・フーパー監督／石田泰子字幕翻訳

『世界の食文化（16）フランス』北山晴一著／石毛直道監修　農山漁村文化協会

『フランス食卓史』レイモン・オリヴェ著／角田鞠訳　人文書院

『フランス料理の歴史』マグロンヌ・トゥーサン＝サマ著／太田佐絵子訳　原書房

『食べるフランス史 ―19世紀の貴族と庶民の食卓』ジャン・ポール・アロン著／佐藤悦子訳　人文書院

『フランス美食の世界』鈴木謙一著　世界文化社

『ヴィクトール・ユゴー ―詩と愛と革命 上下』アンドレ・モロワ著／辻昶、横山正二訳　新潮社

第8章 俾斯麥的遺言（普魯士王國&德意志帝國）

『ビスマルク ―白色革命家』ロタール・ガル著／大内宏一訳　創文社

『西洋事物起原（1）～（4）』ヨハン・ベックマン著／特許庁内技術史研究会訳　岩波書店

『世界の食文化（18）ドイツ』南直人著／石毛直道監修　農山漁村文化協会

『〈食〉から読み解くドイツ近代史』南直人著　ミネルヴァ書房

『ビスマルク ―ドイツ帝国を築いた政治外交術』飯田洋介著　中央公論新社

SPECIAL THANKS

第1章　松島英子（美索不達米亞研究學者）

第2章　增井洋介（畢業於東洋大學研究所）

第3章　小堀馨子（帝京科學大學副教授）

第4章　繻鳳花（西洋中世紀歷史民俗研究學者）
永田斉子（魯特琴演奏家）

第5章　古川萌（東京藝術大學客座研究員）
崎野晴子（料理研究家）

第6～7章　関根敏子（音樂學家）
赤塚健太郎（成城大學副教授）

第8章　飯田洋介（岡山大學副教授）
山之内克子（神戸市外國語大學教授）

食譜　青木幹太（Co-Lab銀座）

索引
食材INDEX

麵包、小麥粉、小麥粉製品

歐洲餐桌上的漫遊

定價 320 元　　160 頁
14.8×21cm　　彩色

歡迎踏上歐洲「食物」與「歷史」的巡禮！
如果理解食物，就能看見世界──
探訪歷史與料理的美味關係。

在現代社會中，有許多對我們而言相當普遍且經常食用的食物，其實都是過去歐洲人餐桌上的常客。

在長久的歷史推進下，因為貿易及文化傳播等管道，再加上食品製作與保存技術的持續進步，才讓它們得以代代流傳，甚至廣播到世界地圖的各個角落。
那麼，當時的歐洲人是在什麼樣的時空背景下享用這些食物呢？這 些美味和他們的生活環境以及歷史文化又有什麼有趣的關聯性？

現在就跟著我們一起踏上一段歐洲歷史與食物的巡禮之旅吧！

TITLE

歷史料理時光機

STAFF

出版	瑞昇文化事業股份有限公司
作者	遠藤雅司
譯者	蔡婷朱
總編輯	郭湘齡
責任編輯	徐承義
文字編輯	蔣詩綺　陳亭安
美術編輯	孫慧琪
排版	執筆者設計工作室
製版	昇昇興業股份有限公司
印刷	桂林彩色印刷股份有限公司
法律顧問	經兆國際法律事務所　黃沛聲律師
戶名	瑞昇文化事業股份有限公司
劃撥帳號	19598343
地址	新北市中和區景平路464巷2弄1-4號
電話	(02)2945-3191
傳真	(02)2945-3190
網址	www.rising-books.com.tw
Mail	deepblue@rising-books.com.tw
初版日期	2018年8月
定價	320元

ORIGINAL JAPANESE EDITION STAFF

撮影	久保田狐庵
スタイリング	さとうやすこ（花と古道具urikke）
デザイン	細山田光宣＋南彩乃 （細山田デザイン事務所）

國家圖書館出版品預行編目資料

歷史料理時光機 / 遠藤雅司著 ; 蔡婷朱譯. -- 初版. -- 新北市 : 瑞昇文化, 2018.08
176面 ; 14.8 x 21公分
ISBN 978-986-401-261-9(平裝)

1.飲食風俗 2.文化史 3.食譜

538.7　107011425